保險叢書

INSURANCE SERIES

人壽保險

策劃　香港保險業聯會

作者　林瑩

2

book .2

目錄

人壽保險
理念

保險是一門分散風險的專業,人壽保險的發展,突破了水險的保險雛形,由只著重對沖短暫風險,搖身一變,將保障由一次性或短期延至長期或終身,可說是保險業當時一大突破。

人壽保險主要是為人們轉移死亡所帶來經濟損失的風險。保險公司承諾,在受保人因疾病或意外死亡時支付保險金。受保人去世,尤其突然早逝,很可能會令家庭面臨經濟困難,此時若有一筆金錢補償,可為受保人的家人提供幫助,毋須在承受喪親之痛時,還要為家庭財政奔波,此屬壽險最基本的理念。

事實上,壽險具終身保證概念,除了保障元素,部分計劃亦含儲蓄成分,透過保證現金價值及非保證紅利作儲蓄之用,即是說只要保障生效,保險金就會每年自動滾存,為未來創造穩健的財富,令其在芸芸金融產品中彰顯獨特的一面。

為迎合社會發展,人壽保險逐步完善,由照顧投保人身故後的經濟需要,擴展為穩健的理財計劃。現時很多壽險產品除了具儲蓄功能,亦可視作投資工具,增加生活保障,甚至預留資金作日後子女教育或退休之用,全面涵蓋人生不同階段的風險管理及財務需要。

當中投資相連壽險(投連險)就是其中一種可讓投保人進行投資的壽險產品,透過買入保險公司所挑選的不同資產類別的基金,藉以提高保單的現金價值。這類產品的好處是可通過個人投資選擇分散風險,但相對地,投連險的保障成分較低,且投保人同樣需承受投資市場波動而造成的虧損。

傳統壽險
轉移死亡的經濟損失

危疾保險
應付醫療開支

而意識到保障健康的重要,尤其人均壽命延長及醫療費用日趨高昂,危疾保險在 1980 年代應運而生。受保人若患上保障範圍內的危疾,可獲得一筆過的現金支援,以應付沉重的醫療開支,又或靈活運用於不同用途上,如照顧家人生活,以減輕患者的財政壓力。

另外,人壽保險也具備退休防老的功能。除了儲蓄保險,近年備受關注的年金計劃亦是一個讓人趁早以小本籌劃退休保障的機會,透過每月供款或一筆過支付保費,達到老有所依,得以有尊嚴地過豐盛的退休生活,毋須依賴子女供養,甚至是政府

的救濟金過活。

人壽保險還是遺產規劃的理想工具，索償毋須經過遺產承辦程序，只根據保單條款賠償予受益人。而且人壽保險多具儲蓄功能，受益人除可獲得受保人的死亡賠償金外，亦可得到保單多年積累的紅利；至於短期的儲蓄保險也可協助投保人完成特定目標，如作為升學學費或生意資本等。

壽險業務持續增長

香港社會富庶,更教人領悟保障的重要,因此壽險業務發展一日千里,日漸為市民所認識。事實上,壽險及相關計劃的銷售數字多年來節節上升,反映社會上很多人明白到生老病死是人生必經的階段,應未雨綢繆,勇敢面對必然發生的事情。

據保險業監管局(保監局)數字顯示,在 2018 年,長期有效業務的保費收入總額較 2017 年上升 8.3%,至 4,782 億元;個人人壽及年金(非投資相連)業務的保費收入上升 4.0%,至 3,965 億元;而個人人壽及年金(投資相連)業務的保費收入則上升 9.9%,至 348 億元;退休計劃業務的供款錄得74.2%的增長,至 417 億元。

至於 2018 年長期業務(不包括退休計劃業務)的新造保單保費與 2017 年比較上升 3.7%,至 1,622 億元;個人人壽及年金(非投資相連)業務的新造保單保費微升 0.8%,至 1,441 億元;而個人人壽及年金(投資相連)業務的新造保單保費則上升 37.0%,至 174 億元。

說到底,越早領略壽險的真諦越好,因為人生最需要保障的是盛年,而非幼童或年老階段。成年人「上有高堂,下有妻房」,每天營營役役,為了讓摯愛的家人可過上舒適生活,若不幸因意外或疾病離世,家人都會受到影響。趁早了解有什麼保障,就可為家人提供強而有力的保護盾。

認識
人壽保險

2.1

人壽保險
簡介

人壽保險（壽險）是歷史悠久的險種之一，近代的發展可追溯至 17 世紀。經過多年來的演變，現時壽險已不限於傳統的一筆過死亡賠償，亦加入了儲蓄、投資、疾病保障，甚至是定期和持續的給付，以下將簡介壽險的品種及其在不同人生階段的作用。

A. 傳統壽險

定期壽險

定期壽險是壽險的基本形式，指在特定的時間段內，通常為 5、10、15、20 或 30 年，提供純粹的死亡保障。大部分計劃在保障期完結時，保單持有人可決定是否續約，毋須再作健康申報。適合收入有限但負責家庭主要生計，或在特定期間需要保障的人士，如正償還樓宇按揭之供款人。

終身壽險

終身壽險提供保障直至受保人身故，保費多為固定。一般來說，除了保證身故賠償，終身壽險亦提供保證現金價值，以及根據每年市場表現而定的非保證紅利，一些計劃還包括保單期滿／終止時支付的累積紅利及額外清繳保險的現金價值。另外，大部分終身壽險亦允許保單持有人借用保單中的現金價值。現金價值和紅利為保單創造了儲蓄這重要的元素，因此有紅利的壽險常作為教育、退休和其他目標儲蓄產品等的基礎。當年輕人進入職場工作，經濟收入漸漸增加，擁有多餘的資金可作人生規劃時，就可考慮買入。

儲蓄壽險

儲蓄壽險在技術上結合了定期壽險和純生存保險（即受保人在保障期結束時仍然生存，才會支付保險金／期滿索償），為投保人同時提供身故保障及保單期滿的個人儲蓄，為兩全其美的方案。儲蓄壽險提供紅利或完全保證形式的計劃以供揀選。一般來説，計劃承諾於特定到期日或投保人死亡後支付一次性款項，到期日一般為 5、10、15 或 20 年等。若要為子女未來、個人儲蓄及退休作準備的人士，可考慮選擇不同類型的儲蓄壽險。

B. 非傳統壽險

危疾保險

危疾保險於 1990 年代初推出，可說是當時創新的預支死亡賠償計劃，以保障投保人患上嚴重疾病的風險。一旦受保人確診罹患保單指定的受保疾病，毋須等待死亡，於在生時已可獲得一筆過現金賠償，自由運用於治療或家庭開支上。保障適合所有年齡層，但建議優先考慮為家中經濟支柱投保，即使他們不幸患上危疾，也可獲得充裕的財政支援，以應付醫療開支及減輕生活負擔的壓力。

投資相連壽險（投連險）

投資相連壽險是以提升保單的現金價值為目標，輔以人壽保

障功能的險種，通常保障成分並不高，一般只為投保額的105%。投連險性質與基金相似，投保人可選擇將現金價值投資於由保險公司或基金公司直接管理的不同獨立帳戶，以在股票或債券市場中獲利，爭取投資回報。不過投資市場時有波動，投保人需承擔投資的損失風險，所以這是熟悉投資市場的人士之選。

萬能壽險

萬能壽險是一種靈活的終身壽險，提供生命保障和儲蓄元素，為投保人提供極大的自由度，可按照其人生階段的需求和財務資源來調整死亡保險金額、儲蓄金額和保費。支付的保費經扣除每月保險費用及保單費用後，記入利息，而儲蓄部分是通過累計現金價值來實現的。與終身壽險不同的是，部分萬能壽險允許投保人利用累計儲蓄中的利息來幫助付款。基於此類壽險運作較為靈活，對財務規劃有較多認識的人士購買較適宜。

年金

年金是為退休或年老而準備的收入及財政準備。投保人透過供款或一筆過形式支付保費，由保險公司投資並滾存回報，至投保人退休或至某一歲數起，保險公司就會定期支付入息（一般為每月支付），直至投保人百年歸老或協議支付期完結為止。不過，需要留意的是年金入息可能包括保證入息及非保證紅利，而非保證紅利主要視乎投資表現，不應視為必然。年金不單適合退休一族，由於一些計劃提供了供款選擇，籌劃退休的人士亦可考慮。

人物設定

齊智保 主角，大學畢業後成為保險人，充滿幹勁熱誠。

顧家南 齊保宜丈夫，愛家絕世好男人，努力工作並成功「上車」，為妻兒覓得安樂窩。

齊保宜 主角姐姐，已婚，全職家庭主婦，剛迎接第一個小生命來臨。

齊老闆 齊智保父親，「利群茶餐廳」店主，頑固保守的中年人，對兒子從事保險業頗有微言。

齊師奶 齊智保母親，開朗健談的中年婦人，非常支持兒子的保險事業。

齊大俠 齊智保爺爺，楊式太極拳師傅，非常有氣勢的老人家。

2.2

何謂
危疾保險

「你讓我變得想活下去……」

耳際傳來輕輕的啜泣聲，加上電視機悠揚的配樂聲。用不著回頭看，齊智保已知道姐姐趁著回娘家的空檔，第五次重溫那部感天動地的經典韓劇。女主角患上眼癌，即將與戀人天人永訣，每看一次，就教齊保宜流下一公升眼淚。

「如果時間可以倒流，我會讓你看到奇蹟……」接下來的催淚對白，連齊智保也倒背如流。

不過，齊保宜顯然並不欣賞，將手上的紙巾盒朝弟弟狠狠丟過去，瞪眼道：「人家很可憐呢！打破重重障礙才能在一起，婚禮前夕她卻要死呢！」

齊智保側身輕輕避過，隨即笑道：「有甚麼可憐的？她如果在第一集就買了危疾保險，即使在第七集發現患癌，理賠可讓她接受各種治療，哪用得著拖到第二十集變成無藥可治呢？」

何謂危疾保險？

因為劇情需要，悲劇女主角總是身罹絕症。不過在現實中，危疾患者的確有年輕化趨勢。一方面，環境因素令致癌因子增加；另一方面，現代人健康意識提高，定期進行身體檢查，亦有助及早發現隱疾。長壽健康是每個人的願望，齊智保取笑女主角的行為雖然有點刻薄，卻在一定程度上提醒了我們危疾保險具未雨綢繆的重要性。

所謂危疾保險，乃是指以附加保障或獨立保險計劃的形式，承保指定範圍的嚴重疾病。不少人都會將危疾保險與醫療保障混為一談，其實在「學術分野」上，危疾保障是屬於「提前支付死亡保險利益」的壽險產品。

傳統上，危疾計劃的受保嚴重疾病包括癌症、傷殘、心臟或重要器官相關疾病等，並以一次性賠償為主，主要目的是為受保人在患上「絕症」後，提供緩解燃眉之急的現金需要。但隨著科技與人文發展，現時就算患上嚴重疾病，亦可有無限生機，令這種保障計劃的投保目的延伸至積極的醫療層面。

此外，危疾保險有別於一般醫療計劃實報實銷的形式，一旦受保人確診受保疾病，即可獲得現金賠償。款項應用靈活及自主，可用於治病或生活開銷上，減輕受保人患病期間的金錢憂慮。

危疾保險簡介

保險類型	提前支付死亡保險利益型壽險產品
保障內容	保障受保人在患上指定受保危疾及嚴重疾病時，可獲得部分或全部理賠，以應付醫療及其他潛在開支。
投保年齡	一般為出生後 15 日至 65 歲，最高可續保至 100 歲。
受保疾病	主要涵蓋癌症、心臟／神經系統／主要器官等相關危疾，以及原位癌等早期嚴重疾病，部分計劃更會涉及兒童危疾，個別計劃更涵蓋嚴重精神疾病等。

「說起來，我也應該考慮買一份危疾保障。」齊保宜忽道。

齊智保已不下十次提醒姐姐須注意自身保障，但她總是愛理不理，忽然在大結局前「開竅」，實屬事不尋常。一問之下，原來齊保宜的中學同學早前發現患上子宮原位癌，不幸中的大幸，是她早年投保了相當全面的危疾保障計劃，最近獲得保險公司理賠 30 萬元，可以及早到私家醫院進行治療。

「我以前從沒想過，這麼年輕也會患上癌症。」

齊保宜撥動手機找出相片遞給齊智保，他接過一看，那是姐姐結婚前與朋友去韓國追星的時代，櫻花樹下，幾個女孩子穿著韓服拍了一輯美美的「仿劇照」。誰想得到，那個穿著粉紅色

衣服、結著誇張盤髮的漂亮女孩，5 年後卻在下一張相片裡，笑容堅強地展示她的漁夫帽。

「你別誤會，她對今次事件非常感恩呢！」齊保宜看見弟弟五味雜陳的表情，反過來安慰：「其一是及早發現原位癌，康復率非常高；其二是保單在索償後繼續生效。她還說，若禍不單行，下次仍可再獲賠償。看來，保險公司也不像都市傳說般，對危疾保障百般阻撓呢！」

―――――――――――――――

危疾產品具多種理賠設計

醫學科技一日千里，加上市場良性競爭帶來的進步，目前危疾保險的產品設計亦相當多元化，大多數計劃涵蓋的受保疾病已逾百種，並延伸至「早期」及「非嚴重」危疾範疇，像齊保宜朋友所患的原位癌，就是相當普遍的受保早期危疾。

而為切合危疾年輕化的趨勢，亦有越來越多相關保障提供「多重理賠」設計，即指定受保危疾復發，或於危疾康復後確診患上其他受保危疾，受保人可獲得多於一次的現金賠償，極端情況下，總賠償額甚至可高達原有投保額數以倍計。

惟值得注意的是，多種理賠形式的危疾保險，若干疾病會根據原有投保額百分比，設有最高可支付的保障金額，當中早期危疾的分項賠償額一般約為總保額的 10% 至 30%。齊保宜朋友

所患的子宮原位癌並不屬於最嚴重危疾級別，假設總保障額為 100 萬元，則受保人可獲理賠約為 10 至 30 萬元。正因如此，如她今次所獲的 30 萬元賠償已達至原位癌分項最高總賠償額，若不幸再次患上其他受保器官的原位癌，亦未必可以再獲批賠償額；反之，若她今次所獲賠償未達上限，即使其他器官再發現原位癌，亦可獲保險公司支付賠償餘額。

———————————————————

電視劇來到大結局最高潮一幕，男主角忍受無盡屈辱後，終請得名醫出山為女主角治病。誰料癌症轉移至肺部，已是藥石無靈。晴天霹靂之下，男主角「噗」地跪了下來，抱頭痛哭。

「讓我們再會於天國彼方罷……」

齊智保以尖銳的聲音繼續扮演女主角，說出經典台詞，當然換來齊保宜白眼。不過這次她卻沒有動手，只是半帶傷感、半帶無奈地說：「如果她有買保險，可能真的不用上天國……但這樣的話，劇集就不感人了。」

此時，片尾曲幽幽響起。

齊智保關上電視，道：「韓劇要感人，女主角難免會死，這樣才可吸引觀眾重溫。但現實不同，一旦做錯決定，人生卻無法重來。就像你朋友一樣，幸好做足保障，否則要不動用大筆積蓄醫病，要不就在公立醫院無了期地輪候……」

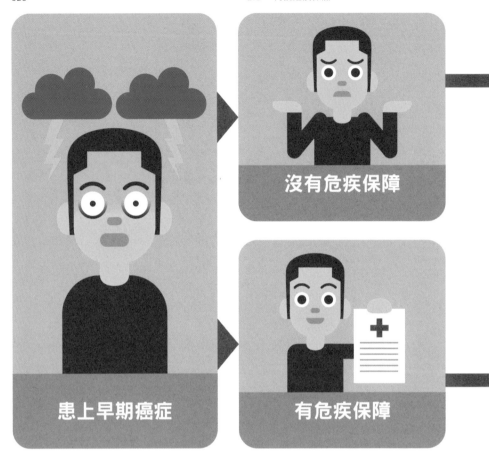

話沒説完，手機響起圖文訊息傳來的聲音。姊弟倆一看，那是
一張櫻花樹下的韓服照，還有堅強女孩的訊息：「保宜，做完
化療後我們再去影相。」

為人生帶來重選機會

人生可説是一場充滿選擇題的考試，雖然出題由天，但選擇在
人。而危疾保險的其中一個重要功能，就是為在人生難關的

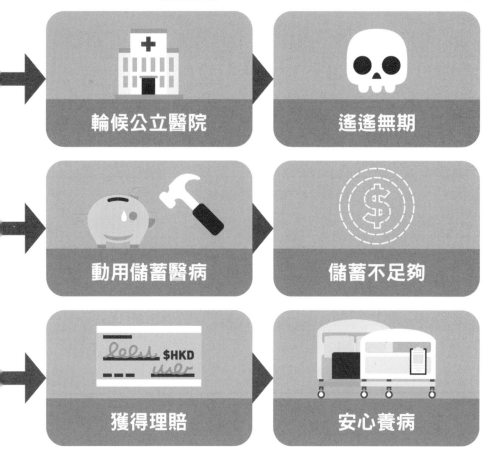

「應試者」提供了「命運自選台」的重選功能。

以齊保宜的朋友為例。首先,在「患上早期癌症」這道人生難題上,她可以有 3 個選擇:

· 若有危疾保險,她可以獲得賠償並安心養病;

· 若沒有危疾保險,她可以考慮輪候公立醫院。惟公立醫院輪候人數眾多,遙遙無期的等候或有機會令病情惡化;

· 若沒有危疾保險,她亦可以考慮在私家醫院接受治療,但必須動用一大筆積蓄或自行籌措醫療費。惟現時私家醫院醫療費用高昂,積蓄或不足應付,有機會令療程無以為

繼，並須擔憂療程期間及往後休養的生活開支。

假設齊保宜的朋友癒後情況不理想，在「選擇其他療程以提高存活率」這道題目上，她同樣有 3 個選項：

· 危疾保險的最大特點就是理賠金額較高而且不限用途，令受保人在揀選治療方案時亦較具彈性。若有危疾保險，她可以選擇較佳的醫療專家及機構，或因應需要選擇其他療法，如標靶藥物、中醫、自然療法、另類療法；

· 若沒有危疾保險，她須花費積蓄試行不同醫療方案，或會因財力所限，未能作多種嘗試；

· 若沒有危疾保險，亦沒有足夠積蓄，她只能選擇公立醫院提供的傳統療法。

最後，萬一齊保宜的朋友不幸離世，她的家人同樣要面對不同的選項：

· 若有危疾保險，基於部分計劃兼具壽險功能，她不論因意外或疾病離世，保險公司均會支付身故賠償予其指定受益人，令她毋須擔憂家人日後生活；

· 若沒有危疾保險，她的家人在面對傷痛的同時，亦要面對失去經濟支柱的難題；

· 若沒有危疾保險，她在最後階段或未能如願安寧，例如積蓄不足以應付公立醫院未有覆蓋的紓緩療法，或因擬將錢留予家人日後生活而減少在最後時刻用於安寧醫療的開支。

由此可見，危疾保險可為受保人在患病時提供更好的選擇，使他們在治療或康復期間，甚或不幸離世時，都得到最佳保障。

2.3

何謂年金

齊保宜剛從的士下車，一手抱著小兒子，另一手拿著手袋及嬰兒車，相當狼狽。此時，一個拾荒老婦拖著傴僂身軀，獨力推著堆滿廢紙皮的手推車經過，厚重的紙皮搖搖欲墜，行將散落。齊保宜看得驚險卻欲救無從，正惶恐失措，幸好齊智保及時趕至，兩人手忙腳亂地幫忙重新整理好紙皮，再將手推車推到回收站，才結伴回家。

搞了半天總算大功告成，兩人卻高興不起來。齊保宜一邊步入屋苑大堂，一邊嘆氣：「真可憐，一把年紀還要為兩餐奔波，想來應該無子女福可享。」說著用力親親天使般可愛的兒子，

自言自語：「BB，長大要生性，爸媽靠你了。」

「保宜，你這就説錯了！」眼觀六路，耳聽八方的保安員九兄，一聽之下隨即搭訕。「搵食艱難，伯爺那套『養兒防老』早就不管用啦！這個拾荒婦本身有兩子一女，只是現在生活成本高，她不想動用『棺材本』，又怕成為子女負擔，所以堅持靠撿紙皮賺取日常生活費用。」

想起老婦那寂寞的身影，「老有所依」看來遙不可及；而兒子出世後開支驚人，每月儲蓄無幾，日後顧家南退休，兩人恐怕

難以養老。念及此，齊保宜不禁蹙眉不語。

九兄見嚇著了齊保宜，連忙安慰道，「BB 將來一定很孝順，何況智保也會幫手。」

「智保？」齊保宜絞盡腦汁也無法聯想弟弟與自己退休養老的關係，九兄終於揭曉答案。

「全賴智保這小子早前推介我買『年金』，現在每個月有紀律地儲蓄『年金』，10 年後退休就可以每月『出糧』，不用再擔心晚年潦倒。」

齊保宜朝齊智保頭頂敲一記爆栗，笑罵：「有好東西為甚麼不跟我說？」

_____

何謂年金？

年金是指為退休或年老而準備的收入或其他財政準備，是一種為對沖年老貧窮風險的理財工具。簡單來說，投保人透過定期供款或一筆過形式繳付保費，由保險公司投資並滾存回報，直至投保人踏入指定歲數或入息期，保險公司便會定期派發入息（一般為每月支付），直至投保人百年歸老或協議支付期完結為止。

年金最大的好處，是投保人不用擔心退休後「坐食山崩」，或為子女帶來經濟負擔。年金期內的入息可包括保證及非保證的紅利，前者是保險公司承諾給予、不會受市場波動影響並維持不變的金額，故選擇時宜留意保證部分佔每月派發金額的比率，否則實際金額可能與預期有異；而非保證部分主要視乎投資表現，不應視為必然。

另外，年金計劃有兩個常用的回報率指標，其一是「內部回報率」（Internal Rate of Return），其二是「年金率」，兩者並非等同。購買時要留意回報率能否追及通脹。若投保人想知道實際投資回報率，或與其他年金計劃比較時，就要了解內部回報率。至於年金率則是每年收取的年金金額佔已付保費的比率，由於年金屬於派息派本的產品，透過該回報率計算，便可以了解取回已繳保費所需年期。年金亦可按種類及特性劃分：

繳付保費方式：「延期年金」與「即期年金」

延期年金

即投保人以供款方式買入的年金。以保安員九兄為例，他選擇了 15 年供款期，自 40 歲起供款，並在 65 歲開始領取每月入息。於 40 至 55 歲的供款期間，稱為供款期；而 56 至 65 歲期間，既已完成供款，但又未開始領取，則為累積期，保險公司會繼續投資滾存利潤；到了 65 歲或以上，開始領取年金，就是入息期。

即期年金

通常是以整付（躉繳）方式購買，投保人在完成手續並繳交保費後，一般可於下個月起開始收取每期入息。

入息派發額方式：「定額年金」與「變額年金」

定額年金

香港大部分的年金計劃均是按期數派發定額入息的年金，當中可以包括保證入息及非保證紅利。

變額年金

入息派發金額與基金的投資表現掛鈎，然而較不常見。

入息保證年期：「保證年金」與「終生年金」

保證年金

即是在指定期間支付利益，例如指定派付 30 年。

終生年金

是指在投保人離世前都可持續獲得年金入息。

投保人不免會擔心當買入年金，未取回所有已繳保費前已然身故，非常「蝕底」。其實，本港的年金計劃大多數都設有身故賠償保障，但數額始終不高，故不應用以取代人壽保險。在發放身故保障時，保險公司會扣除已發放年金，並以當時現金價值計算。而除了提供一筆過賠償，個別計劃亦可選擇向受益人

派發餘下年期的年金。

年金計劃亦容許投保人退保。但值得注意的是，退保時，未派發年金期數須折算現金價值作為退保價值。原則上越早退保，折讓越大，甚至會出現已收取年金加上退保價值可能低於已繳保費的情況，故退保前應先考慮清楚。

年金簡介

保障內容	投保人於退休或指定日期開始，每月可收取定額收入，直至指定年期屆滿或離世，以安享退休生活。
供款年期	可選分期供款或薑繳（一筆過）繳付保費。
年金期	又稱保障年期或入息期，視乎計劃而定。或以年期劃分，如 10 或 20 年；亦有按年齡劃分，如直至 100 歲，甚至是終身受保。
保費	期內固定不變

「杞人憂天！保宜才 30 歲出頭，幾時到老？再説，我們這代人哪懂得甚麼年金、退休計劃？現在還不是好端端、開心快活？總之天生天養，船到橋頭自然直！」剛剛「斬料加餸」回來的齊大俠，正好聽到 3 人對話，劈頭就是一句。

保安員九兄卻大搖其頭，直言不可同日而語。「年代不同嘛！早前報紙報道，政府預測幾十年後，香港人均壽命 90 歲。現在有齊老闆、保宜及智保 3 個人養你齊大俠，當然有餘錢及

閒情去『斬料』，但不是人人都有這份福氣，像我孤家寡人，那就是『潮州音樂』──自己顧自己。」

齊大俠不甘被駁，正想爭辯，冷不防被愛子心切的齊保宜搶先一步回應：「對啊！香港人口老化嚴重，將來 BB 長大，除了我、家南，還要照顧齊老闆、齊師奶以及百歲高齡的齊大俠。一個撐五個，重擔全壓在他身上，想到就心痛了！倘若我現在不作點準備，我看老來要和智保去撿紙皮幫補家計了。」

「你多生一個不就行了？到時 BB 就有弟妹分擔責任了。」孫女竟然與外人連成陣線，不免惹怒了齊大俠。

女子本弱，為母則剛。一想到愛兒日後肩上重擔，齊保宜立馬回應：「即使我多生一個，每人也要供養 2.5 個老人，負擔還是不輕呢！」

兩爺孫嘴巴上互不相讓，齊智保看看不對勁，立即挺身而出，安撫正準備反擊的齊大俠，道：「爺爺！社會不停轉變，及早規劃退休已是大勢所趨。家姐想在有能力時為自己及下一代未雨綢繆，就等於你 50 歲時已風雨不改每天耍太極，為了強身健體，以減低年老不能自理的風險。大家都是出於對家人的關愛，只是表達方式不同吧！」

──────────────

年金與人生規劃

香港是人均壽命最長的地區之一，為退休後的生活作出適當規劃至為重要。現時本地男女平均壽命已逾 80 歲，政府推斷，在 2066 年，男性平均壽命為 87.1 歲，女性為 93.1 歲。以法定退休年齡 65 歲而言，想要頤養天年，未來就要籌備起碼 22 至 28.1 年，甚至更長年期的生活費，帶來退休金不足以應付日常所需的風險。

除了退休後生存日子較以往長，另一挑戰是人口老化使老年撫養比率不斷上升。2017 年的老年撫養比率為 1000:282，政府預測，到 2066 年將上升至 1000:710，亦即由現時平均每 3.5 名成年人供養一名長者，上升到每 1.4 名成年人供養一名長者。老年撫養比率上升，反映可為長者提供入息支援的成年人比例越來越小，即依賴子女直接支援，或是透過稅收由政府再分配資源會較困難，因此預期長者貧窮問題會惡化。

雖說長者生活較簡單，日常開支亦少，但他們年邁、體力漸弱，加上收入銳減，醫療開支成為相當沉重的負擔。若希望年老時可享豐盛的退休生活，而非每天為生計愁眉苦臉，就要趁年輕及早為退休作好財政準備。年金產品恰好可以發揮巨大的退休保障功能。目前私人市場的年金計劃為配合社會發展步伐，已非限於一筆過繳付款項，還可透過定期供款方式供款，讓投保人可在人生的黃金時期做好準備，確保將來獲得穩定的退休收入。

雖然青年時期正值人生與事業的搏殺期，結婚、置業及生兒育女等人生大事佔了大部分的每月開支，但若此時買入年金，供款額或較低，藉時間和複息效應的優勢，令供款長年滾存，就可以更容易達致退休目標。倘若到 50 歲才驚覺，那時已離退休不遠，時間或較緊絀，相對地就要加把勁供款了。

———————————————

經過齊智保的解說，齊大俠雖然明白在人口老化的大趨勢下，及早策劃退休相當重要，但一場「牙骹戰」竟因兒孫「幫理不幫親」而敗陣，作為齊家最高精神領袖實在顏面掃地，惟有硬著頭皮繼續挑戰，以挽回一點面子。

「即使人口老化又怎樣？政府早就替市民想好了，現在所有打工仔都要供強積金，退休時就有一筆積蓄，何需現在就嚷著要買年金！」

「爺爺説得有理！年金與強積金都是留待退休後使用，二擇其一已可，看來我可暫緩買年金的計劃。」獲得齊保宜贊同，齊大俠暗暗自喜。

不過，保安員九兄卻寸步不讓。「強積金每月僱主及僱員供款只佔 5%，還要承受投資市場風險，未到退休也不知可積累多少錢，怎能單靠它安老？年金就不同，未來每月入息一清二楚，這樣才能好好規劃退休生活呢！」

公說公有理，婆說婆有理。二人爭持不下，各將視線投向齊智保，要他拿一個說法。齊智保點點頭，為這場「牙骹戰」作最終判決：「其實兩者不是互相排斥，而是互補不足，均是重要的退休支柱。」

年金與其他保障互補不足

世界銀行（World Bank）倡議「5 條支柱」方案，鼓勵各地政府以此為基礎，建立及發展退休制度，當中包括強制及自願供款，以及公、私營機構參與其中，為長者提供更完善的退休保障，締造美好未來。

零支柱
由公帑支付的最低水平的退休保障（政府出資）

支柱 1
由政府管理的強制性供款制度（強制供款）

支柱 2
由私營機構管理的強制性職業或私人退休供款計劃（強制供款）

支柱 3
自願向職業或私人退休計劃供款或儲蓄（自願參與）

支柱 4

公共服務、家庭支援和個人資產（自願參與）

世銀「5 條支柱」方案內容

支柱	內容	目的	香港相應政策	資源
零支柱	由公帑支付的最低水平的退休保障	確保長者不落入赤貧	長者生活津貼、高齡津貼及綜援	政府出資，市民無須供款
支柱 1	由政府管理的強制性供款制度	為所有長者提供基本的退休金	未有，但多次討論落實全民退休保障制度的可能	市民強制供款
支柱 2	由私營機構管理的強制性職業或私人退休供款計劃	所有就業人士儲蓄部分收入作退休後使用	強積金、公積金	在職人士強制供款
支柱 3	自願向職業或私人退休計劃供款或儲蓄	鼓勵個別人士作更周全退休準備	強積金自願供款、保險公司提供的年金及其他儲蓄計劃	個別人士自願參與
支柱 4	公共服務、家庭支援和個人資產	鼓勵家人及公眾協助提升長者的生活水平	長者醫療券、供養父母免稅額	個別人士自願參與

香港的退休保障制度，基本上參照以上 5 條支柱作為藍本，並在此框架上完善。而齊大俠及九兄提及的強積金及年金則分屬支柱 2 及 3，各自兼備不同的功能。原則上，所有在職人士

均須參與強積金，僱主亦必須作出相應的供款；年金則屬私人自願參與，僱主並不涉及其中。

供款期方面，強積金相對較長，僱員亦不能自行決定，基本上由初次就職至退休期間均須供款。假設一個人在 20 歲就業，65 歲退休，供款期可長達 45 年。年金的供款期較為彈性，可以選擇每月供款或一筆過繳款，而現時年金計劃的供款期多為 5、10、20 年等。至於領取年齡，強積金規定除個別特殊情況，普遍為 65 歲；而年金可自選，但一般要求最少達 50 歲。

不過在投資自主度上，強積金就佔優勢，僱員有權自由揀選其受託人所提供的不同風險組合基金；而以年金來說，保險公司會根據政策，選擇最合適的投資方案。然而，強積金的實際回報取決於僱員所選擇的投資方案及市場表現，所以要在退休期前，才有可能知道大概的回報；年金則在買入時已確定了部分回報（即保證每月入息部分），相對較易掌握實際回報。

現時強積金在香港社會的認受性相當高，相關供款額更可享扣稅優惠，而市民對年金的認識相對較少。近年政府積極推廣年金計劃，除了透過按揭證券公司推出公共年金，亦計劃將延期年金供款納入扣稅項目，相信有助提升市民對年金的需求。

事實上，強積金與年金可說是相輔相成，在工作時累積的強積金供款，亦可考慮於退休時轉換為年金，以提供穩定的每月入息，對沖日益嚴重的長壽風險。

2.4

何謂
按揭保險

和齊大俠、齊智保、九兄的討論，令齊保宜回想起兒子剛出生時……

經過 24 小時陣痛後，齊保宜與顧家南的愛情結晶品終於誕生了！小娃娃洪亮的哭聲，逗得齊家上下樂不可支。

顧家南為讓愛妻與初生兒子日後有較大生活空間，早前以 600 萬元買入一個 400 多平方呎的單位。胼手胝足支付 5 成首期後，貸款額仍高達 300 萬元。以 20 年還款期、銀行貸款利率 2.15 厘計，每月還款額約 1 萬 5 千多元。

當時齊智保為家姐一家開展新一頁而感到高興，然而未雨綢繆的個性亦令他看到隱憂──雖然姐夫 35 歲已月入 6 萬元，足以應付供款，但齊保宜婚後辭去工作，顧家南是家中唯一經濟支柱。長達 20 年的供款期間難免經歷跌宕起伏，若姐夫遇上不幸，齊保宜就需要獨力養育兒子及承擔沉重的供款壓力。

「家姐，先恭喜你倆榮升父母及業主。不過，有沒有想過，萬一姐夫遇上不幸事件……」齊智保為了二人著想，抱著捱罵的覺悟，終於將想法宣之於口。

「好端端的，為甚麼要詛咒你姐夫?!」父親果然破口大罵。「『保險佬』就喜歡潑冷水、落井下石……」

「爸爸，你搞錯了，智保是為了我們母子著想呢！」齊保宜笑著將嬰兒遞向齊老闆，輕輕化解了一場干戈。

何謂按揭保險？

中國人家庭觀念濃厚，置業、齊家是不少人的終身志業。然而，就像《富爸爸・窮爸爸》所説，大多數人以為是「資產」的物業，在完成供款前其實只是一筆「負債」。若天降橫禍，遺屬在痛失摯愛的同時，還要面對物業因斷供而遭沒收、流離失所的困境。因此，齊智保並不是想「詛咒」顧家南，反而是希望提醒他買入樓宇按揭保險，為妻兒提供額外保障。

按揭保險是一種專為供樓人士而設的遞減型定期壽險產品,目的是保障置業人士在供款期內若不幸身故,受益人可獲保險公司提供相等於未償還的按揭金額的賠償,令受益人可繼續償還物業按揭貸款,免於承受供款的財務壓力。

一般而言,按揭保險的總投保額不會超過按揭貸款額,賠償金額可配合預設利率,隨著未償還貸款額而按年遞減。按揭壽險屬定期壽險的一種,沒有儲蓄成分並有指定年期,故保費可以較具儲蓄成分的終身壽險便宜,並可於供款期內固定不變,令投保人可輕鬆規劃財政預算。以顧家南的年齡及貸款額計算,

每月保費僅約數百元，妻兒的生活便可得以保障。

按揭保險簡介

保險類型　　　遞減型定期壽險

保障內容　　　投保人於物業供款期間若不幸身故，受益人可
　　　　　　　　獲得一筆過、相當於未償還按揭的理賠金額，
　　　　　　　　以支付物業按揭貸款。

投保年齡　　　普遍為 18 至 60 歲

保障年期　　　由 10 至 30 年不等
　　　　　　　　須注意，投保人年齡加上樓宇供款年期，一般
　　　　　　　　以 65 至 70 歲為上限，部分產品可轉換成終身
　　　　　　　　壽險計劃。

保費　　　　　期內固定不變

2.5

死亡索償

今天辦公室的氣氛很不尋常。

齊智保剛踏入公司，就感受到一股緊張的氣氛——平常總是在各自崗位上認真處理文件或打電話與客戶溝通的同事們，有些恍如記者爭奪第一手消息般擠在組長房門前，緊張地探頭探腦；有些則三三兩兩聚在一塊，表情沉重地談論嚴肅話題。

「發生甚麼事了？」

齊智保一搭同事光希的肩膊，她猛然回頭，一滴眼淚落在他手背上。智保嚇了一跳，正待詢問，忽然，組長從房間走出來，在眾人目光中步向光希。彼此交換了一個沉痛眼神後，組長將一份文件放在她手上，點點頭，道：「這是每個保險人的必經階段，我們應該慶幸能夠在客戶最需要時幫上忙。」

光希再也忍不住，「嘩」地一聲放聲大哭。

在哭泣聲中，齊智保一點一滴想起今早的連串事件……

在「利群」吃早餐時，電視報道：「今晨 7 時 25 分 XX 工業大廈發生意外，電梯槽工作平台鬆脫，兩名工人從高處墜下……」當時他便感到異樣。回公司時身旁呼嘯而過的救護車鳴笛聲，讓他意識到意外現場正好在公司附近。接下來，光希的眼淚、公司的氣氛……

「難道……」

「是光希的客戶。」組長頓一頓，説：「好像你也認識。」

真的是他。

———————————

保險的功能

在宏觀層面而言，保險的功能眾多，包括保障生活、提供經濟補償、推動商業及經濟發展等等。不過，就個人層面來説，保險最可貴也最重要的功能就是「互濟」——透過風險分攤，將自己與其他人聯繫起來，以便萬一彼此發生不幸事件時，得以互相幫助。人人為我，我為人人，就是保險最原始的面貌。

人的一生需要不斷背負新的責任，惟天有不測之風雲，事故往往近在咫尺。當不幸事件從天而降，一個人猝然離開，帶不走的責任就被迫留下來，落在活著的人肩上。

人壽保險的互濟功能，就是為遺屬分擔傷痛，讓他們在痛苦的時候能獲得即時財政支援，毋須擔憂經濟難題，能夠全心悼念故人。

作為風險承接者，保險公司常與災難為伍，亦最明白提供即時協助的重要。因此，不少保險人都與齊智保一樣，每天留意新聞報道，除了解政經大事外，更重要的是看看當日有否重大意外。倘若發生不幸事故，而客戶資料脗合，便可以主動盡速處

理，為受保人提供即時支援。

故事裡不幸身亡的受保人，是齊智保與光希認識的客戶，讓我們一起來看看他們如何協助遺屬。

_____

齊智保還記得簽約那天的事。

那是入行之初，光希帶著還是菜鳥的他去見客戶。酷暑天時大雨淅瀝，兩人到達天樂位於唐 7 樓的小小的家時，早已渾身濕透，分不清是雨水還是汗水。

天樂很早結婚，才 20 多歲已有兩個讀小學的孩子，與同齡妻子努力勤儉地工作。智保還記得，天樂謙虛地說，自己讀書不多，但為了孩子著想，還是希望能省吃儉用買點保險。

那是一張保額不大的保單，但到離開時，智保發覺自己雙眼通紅。本來還怕光希取笑，但她倒是很了解似地笑說：「保險幫到人，不是說假的吧？」

就是這件事，令智保決定在這個行業留下來。

思緒飛馳之際，組長一聲「智保」將他喚回現實：「理賠部很樂意盡力加快程序。你認識死者，幫我走一趟好嗎？」

智保點點頭，茫茫然地帶著屬於天樂的死亡賠償申請表離開辦公室。一切如此不真實，但新聞報道的種種細節卻如影隨形，在腦海裡重現──「好爸爸上班兩天即出事……經濟拮据，靠做散工及親友接濟，仍拒領綜援……妻子痛失丈夫，銀行帳戶只餘百元……」

胡思亂想中來到理賠部，理賠部的欣欣早已在電梯口等著。

「組長説死亡證正本今天不可能有。」

「不要緊，候補就行。」欣欣將一份資料遞向智保，語帶傷感：「總之，我們會盡快批出理賠。」

智保看了一眼，原來，天樂這幾年將能買的保險都買了，意外保、壽險、附加定期壽險、住院保險。縱然經濟拮据，卻從來沒有拖欠保費……

「他是如此相信我們，我們也希望能回應他的心意。」

智保點點頭匆匆道謝，趁眼淚落下之前轉身離開。

意外發生的第三天，一樣下著滂沱大雨。智保及光希帶著支票，再度爬上那道狹窄的唐 7 樓樓梯。天樂的長子、帶著酷肖父親的堅毅表情，默默接過支票，遞向身後的母親。她沒有接著，魂不守舍，彷彿一顆心已隨丈夫而去。

「這是天樂為你們準備的心意。請節哀。」

薄薄一紙支票，也許太輕，輕得無法緩減遺屬傷痛；卻也很
重，重得承載了已逝者的無聲願望。未亡人直望著兒子手中的
支票，乾涸的眼眶再度流下眼淚。「謝謝。」

死亡賠償的程序

人壽保險理賠通常有兩個情況：一、期滿索償（主要為儲蓄壽
險）；二、死亡索償。死亡索償無可避免地總是沉重哀傷，因
此，在力所能及的情況下，保險公司亦會抱持同理心，主動、
盡力為投保人遺屬提供支援。

由於死亡索償須經過既定程序及涉及多種文件，一般而言，由
提出申請至完成初步審批理賠需時約 5 天。當中程序包括但
不限於：

釐清索賠權

即誰有權獲取死亡利益。在普遍情況下通常指「受益人」，在本故事中即為天樂的妻子。

→涉及主要文件：受益人身份證

死亡日期及死亡證明

除了證明受保生命已亡故，確定死亡日期亦是為了準確計算理賠金額，尤其是遞減型定期壽險及紅利。

→涉及主要文件：死亡證正本

死因

不同的身亡原因可能對理賠過程有所影響，如自殺涉及免責期、可疑死因、不可爭議期等。若受保人像故事主角天樂般持有意外保險，並因意外身亡，總理賠金額便會包括意外保險（如有）的理賠。

此故事取材自真實事件，保險公司有見受保人經濟困窘並為家庭經濟支柱，故主動加快理賠程序，在事故發生當天確認受益人名字及客戶身份等資料後，第三天已將理賠支票交到死者妻子手上，在最短時間為受保人家庭解決燃眉之急。

死亡理賠所須文件

申請表格	死亡賠償申請表（申請人及醫生報告）	
基本文件	死者身份證核實副本 死亡證正本 受益人身份證核實副本 ・ 如受益人為 18 歲以下：出生證明書副本 ・ 如受益人非香港永久性居民：旅遊證件副本 ・ 受保人及受益人的關係證明副本	
附加文件	意外或非自然死亡	警署報告及或交通意外報告 驗屍報告或死因裁判官報告 報章剪報 火葬證明書
	境外離世	香港永久性居民：由入境處發出的「身份證註銷證明」 中國內地公民：取消戶籍證明 海外公民：由所屬國家發出死亡登記證明
	其他文件	遺產管理書或遺囑認證書 遺產管理人或遺囑執行人身份證核實副本 18 歲以下受益人的合法監護人文件

2.6

自殺條款

「一個好的保險人，要多站在投保人的立場上設想。」

齊智保今早 7 點半已到達公司，滿懷期待地參加內部培訓班，皆因上司前幾天曾故作神秘地預告，是次講者將有特別分享。沒想到，推門而來的講者，竟是上司本人。

「上次，光希的客戶遇上意外不幸身亡，我希望讓同事們明白，身故理賠是每個保險人的必經過程。能夠專業、細心、冷靜地處理，才不枉客戶對我們的信任。」上司沒有像一般講者般站在台上，反而坐在眾人中間，親切地將往事娓娓道來：

「今天我想分享自己的親身經歷。就像大多數保險人一樣，我最初的客戶也是朋友，其中一位是個對任何事都全力以赴、認真負責的人，非常認同保險助人的理念，因此工作後便將人壽保險、危疾、醫療保障等各種主要保險一古腦兒買了。其後各有各忙，彼此聯繫不多，再見面，是他的婚宴後翌日，找我來給人壽保險保障加額，受益人是新婚妻子。我當然很高興。然而遺憾地，與他最後一次見面，是在 3 年後為他辦理身故理賠——近一年由於工作壓力，他患上抑鬱症，雖然勇敢面對，但最終不敵病魔，自殺身亡。」

自殺條款

根據世界衛生組織（WHO）數字，全球每年仍有超過 80 萬人

死於自殺，這亦是 15 至 29 歲人群的第二大死亡原因。而在香港，每年有約千人自殺身亡，約佔死亡登記數字 2% 至 3%（見附表 1）。

我們知道，大多數保險條款，如醫療保險等，因自殘或自殺所引起的醫療開支或理賠，通常都屬於不保事項，但在壽險而言則屬例外。

為甚麼呢？讓我們追本溯源來想一想——人壽保險設立的原意是為受養人提供保障，而非讓受保生命本身得益，因此，即使受保人蓄意自尋短見，但懲罰其家人仍是不公平的。在這個原意下，保險公司理應為自殺身亡的受保人作出理賠。

惟與此同時，為防範藉自殺獲得保險金的道德危機，保險公司亦不能將自殺身亡與一般死亡情況相提並論。於平衡利害關係後，現時保險公司普遍願意承保因自殺引致的身故事件，但卻會加入「自殺條款」（Suicide Clause）。

所謂自殺條款，一般乃指：
一、保單生效的首一至兩年（視乎個別保險公司而定），屬於自殺免責期，若在免責期內自殺，保險公司毋須支付理賠，一般會退還已繳保費；
二、受保人若在免責期後自殺身亡，保險公司會如常支付身故賠償。

有一點須注意，若受保人轉換保單或保單失效後復效，其自殺

條款亦須重新計算日期。

在故事中，齊智保上司的老朋友早已購買了壽險，而結婚時亦以妻子作受益人並加額保單，其保單距其自殺日已生效達 3 年，故雖然他不幸自殺身亡，亦不受自殺免責期所影響，遺孀仍可獲保險公司的理賠。

———————————————

上司繼續分享自己的故事，雖然年代有點久遠，但仍能説出當中的點點滴滴，反映出事件對他來説十分深刻。參加培訓班的所有人，包括齊智保在內，全都凝神細聽。

「那天，朋友趁著妻子還未起床，悄悄走到屋苑其他樓層跳樓身亡。直至警察逐家逐戶查詢失蹤人士，妻子才如夢初醒，赫然發現枕邊人已不在人世。」

「由於朋友一直積極治療抑鬱症，加上事出突然，太太無法接受事實。雖然我們第一時間為朋友辦妥了理賠，但未亡人卻不願承認丈夫已死的事實，拒絕接受支票；其後雖由保險代理代為領取，卻一直沒有兌現。直至大約半年後，她才能重啟心扉，接受現實。」

想到一覺醒來，身邊人已陰陽相隔，幾位同事感同身受，不由得雙眼通紅。智保回想起天樂那件事，雖説他是死於意外，但對於摯愛家人來説，無論甚麼原因，生離死別仍然難以接受。

「這個故事還有一段小插曲。由於未亡人在半年後才願意兌現
支票，但支票的有效期只有 6 個月，已經過了期，所以我請
她退還支票，交回公司更新處理。」

「雖然只是一件小事件，但為往後的工作帶來新啟示──保險
與人的一生息息相關，甚至可以說，我們參與了客戶的人生細
節、生老病死。所以，不要單單想著這是工作，而是要抱持同
理心去面對客戶，因為再小的關懷，對於剛失去至親的人來說
都是非常重要的。」

附表 1：香港每年自殺人數

年份	自殺人數	死亡登記數字
2016	954	46,662
2015	1,022	46,757
2014	1,007	45,710
2013	1,040	43,399
2012	845	43,672
2011	833	42,188
2010	1,022	42,705

年份	自殺人數	死亡登記數字
2009	1,069	41,034
2008	962	41,530
2007	855	39,963
2006	1,187	37,415
2005	967	38,683
2004	1,187	37,322
2003	1,195	36,421

資料來源：歷年死因裁判官報告

部分危疾已涵蓋精神病

此故事改編自真人真事。據統計，本港已有超過 30 萬人患上
抑鬱症。據世界衛生組織的資料顯示，全球抑鬱症患者超過 1
億人，但少於 25% 的患者會尋求有效的治療。

在這個特別的培訓班裡，不論是齊智保或同事，起碼能學懂兩
件事。其一，是危疾保障的範圍與日俱增，緊貼社會需求。過
往危疾保險甚少涉及精神方面的疾患，大多數保單中更會將之
列為「不保事項」。不過，隨著社會對於精神健康的態度日漸
開放，由過往的忌諱變成接納，大眾亦樂見患者求診意願增
加。

精神病患與其他危疾患者一樣,須面對龐大的醫療開支,包括長期治療,甚至住院,與有機會失去工作的潛在風險。保險是緊隨社會風氣變化的產品,有見及此,近年亦開始有個別保險公司在危疾產品設計上涵蓋精神病,令置身於緊張社會的投保人得以鬆一口氣。故事中的受保人雖然不幸患上抑鬱症,但他願意積極面對,若能配合危疾保障的財政支援,包括可以暫停造成壓力來源的工作,專心對抗病魔,結局可能會被改寫。

其二,壽險對於遺屬生活保障的重要。在這個以真實事件改編的故事中,雖然受保人不敵頑疾輕生,但他婚後以太太作為受益人購買了加額的壽險,令保險金額達數百萬元之多。當他不幸離世,太太雖然失去摯愛,但在面對傷痛的同時,毋須為生活及物業按揭貸款而擔憂,大大減低煩惱;而透過領取丈夫的保險金,亦能感受到受保人關顧摯愛未來生活的心意。

2.7

破產期間的
保單處理

男人的浪漫又豈止豆腐火腩飯。「總之放下手上的工作，半小時內趕回利群。」未等齊智保答應，齊老闆已「啪」一聲放下電話。看來事情十萬火急，極為嚴重，否則向來深以事業為重的齊老闆，不會提出如此無理的要求。

齊智保匆忙回到利群，只見齊老闆正在安慰相識近 50 年、兩肋插刀的「沙煲兄弟」徐四，「人生有起有跌，4 年後又一條好漢。」

徐四愁眉深鎖，長呼短嘆，「早知道就不要這麼相信他，勞碌半生的財產全被騙光，揹上一身債，弄到如斯田地。」原來徐四被生意拍檔出賣，賣樓套現後仍不足以抵債，唯有申請破產。可惜禍不單行，近日身體不適求醫驗身，可能患上癌病，現在正等候報告。

「屋漏偏逢連夜雨，錢沒有了，健康也沒有了。智保，破產期間可否保留早年買入的人壽及危疾保險？至少若真的患癌，我及家人仍有保障可傍身。」徐四以近乎絕望及哀求的口吻說。

看到齊智保面露難色，觀人於微的齊老闆怎會沒猜到一二？此時他從口袋裡拿出早已準備好的現金，「先收下，身體要緊。」齊老闆續說：「保險是有形的資產，最終如何安排可能由不得我們決定，但友誼卻是無形的資產，不會因你任何狀況而改變。還記得 30 年前，利群初開業時，人手不足，你經常揸義氣來幫忙，一個仙都沒有收。沒有你，我可能早已撐不住。這份情誼一直放在心中，現在算是一點答謝吧！」

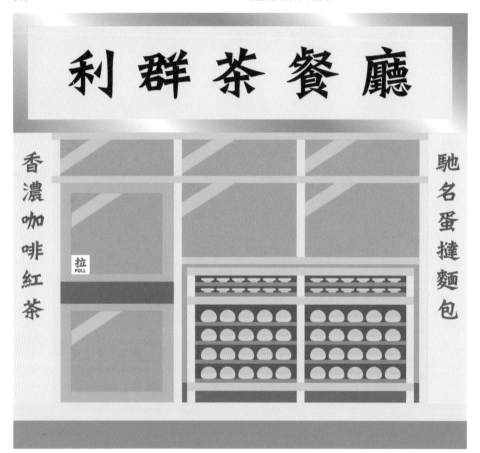

徐四感動得無法言語,展露了久違的笑容。此時吃豆腐火腩飯
應該最應景吧。

破產期間的保單處理

申請破產人士須提交「資產負債狀況說明書」,申報銀行賬
戶、保單、汽車等資產。一般來說,破產管理署不會同意破產
人士繼續就任何保單作出供款,並會要求中止保單及取回剩餘

現金權益，作償債之用。

不過不同保單的條款不同，該署會視乎個別情況再作考慮，而
《已婚者地位條例》第 182 章第 13 條是其主要參考準則。簡單
來說，保單持有人如為其配偶或任何子女的利益而購買壽險保
單，則達到建立一個法定信託的效用，從而令該配偶或子女成
為保單的實益擁有人，保單持有人則成為受託人。所以，就算
保單持有人破產，該署或會考慮讓保單繼續生效。

申請破產時須申報所有資產及收支記錄，而當中明確要求列出

所擁有的人壽保險價值,因此申請破產人士不應漏報或轉變保單持有人等,以圖在未有知會破產管理署的情況下繼續保留保單。隱瞞財產價值屬違法,一經定罪可被判入獄。

那麼在破產期間,獲准繼續持有的保單,若遇上索償時,有關的做法是否仍合用?賠償會否變為還款?由於破產人的資產已歸破產管理署管轄,保險公司在發放賠償時亦須跟從署方的決定。舉一個例子,一位女士在破產期間不幸患上乳癌,而危疾保單仍然有效,按保單條款,除了可獲得一筆過賠償,若投保人仍然生存,則可獲發不多於 30 個月的生活津貼。最後保險公司按破產管理署指示,將一筆過的賠償交予破產管理署作還債用途,並將生活津貼發放予該女士。

2.8

合理保障
額度

生命無價，齊保宜成為了媽媽後體會更深切，萬千思緒全被 BB 的一舉手一投足所牽動，「媽媽，BB 過了喝奶時間半小時，還只顧著睡，要不要弄醒他？」

「真是緊張大師，少吃一餐半餐沒有所謂的，睡得好才長肉。現在的小孩真是萬千寵愛在一身，總有人 24 小時貼身侍候，我差不多個個朋友的孫兒都有份保險，説保障寧多莫少。我們的 BB 買了嗎？沒有聽你們提及。」齊師奶一邊編織毛衣，一邊閒話家常。

「對呀！好多年前已説，養個小朋友要花 400 萬元，我們都應該為 BB 買最少 400 萬元保險。不！現在通脹這麼厲害，應該要買 1 千萬元保障才足夠。」齊保宜走到戴著耳筒、投入電玩世界的齊智保旁邊，拉開他的耳筒，説：「BB 舅父聽到沒有？還不快快放下遊戲機，為你的外甥準備壽險計劃書。」

「甚麼？幫 BB 買壽險？還要千萬投保額？」齊智保無法相信多年來跟齊保宜談保險，她在這方面的知識依然毫無寸進，忍不住揶揄一番，「真希望 BB 只是外貌像你，理解及吸收能力就遺傳姐夫。」兩姊弟不時針鋒相對，各不相讓，齊保宜早已習慣了，「保險專家，我又搞錯甚麼？直話直説，不要轉彎抹角了。」

齊智保笑著説，「知我莫若姊。投保額的釐定是視乎生命的消逝與其『經濟損失』的關係。投保額又可稱為『生命價值』，即是衡量個人未來的實際收益和價值。若投保額遠高於可能的

經濟損失，反倒會令受保人陷於危險。」

齊保宜追問，「有甚麼危險？保障不是越多越好嗎？」

「你這個電視劇迷竟然想不到，還不就是常見橋段，為錢動殺機！看來我要加倍保護 BB。」

兩人舌劍唇槍，説得興起時，突然傳來「哇」一聲，原來 BB 睡醒開始哭鬧，「這麼可愛，在媽媽心中簡直是千億 B，給我千萬賠償也不忍心傷害你。」齊保宜抱起 BB，溫柔地哄著。

何謂生命價值？

保險的主要功能是風險移轉，決不是拿來圖利，所以保障額度必須與承受的損失相若。傳統壽險保單在實際投保時須經過財務核保的程序，目的是要確認投保人的財務狀況，以決定接受多大的投保額，避免出現投保額過大的情況。此舉是為了防止道德風險，令壽險不會被不法之徒利用，傷害受保人身體以騙取保險金。

這類為騙保險金而動殺機的個案，無論在香港或海外都曾發生。當然一旦被發現以謀殺等犯法行為取得保險金，保險公司絕對不會作出賠償，且會追討已發放的賠償金。香港於 2007 年便有一位收入只有 7,500 元的母親，在一個月內，先後於

兩間保險公司以初生女兒為受保人，買入保障額達 200 萬及
250 萬元的純壽險，並以自己為受益人。不久，她報稱女兒在
中國內地旅館洗澡後失去知覺，送院後證實死於窒息。其後保
險公司揭發事件疑點重重，且該母親隱瞞雙重投保；而警方調
查案件時，亦發現母親對女兒的死因前言不對後語。據涉事的
保險公司表示，若當時得悉她已成功在其他保險公司投保，則
不會接受其申請。

為何保險公司會説若知道她已在別的保險公司投保，就不會批
出申請？皆因在保險公司當時的專業判斷下，200 萬元的初生

嬰兒投保額對收入不高的母親來説已相當足夠。某程度上，這亦反映初生嬰兒或幼童，甚至老人等，由於沒有賺取收入能力，他們死亡不會對家庭的經濟損失構成嚴重影響，所以保險公司批給他們的投保額會較上班族低得多。

生命價值體現於一個人所創造的經濟收入，可以量化為貨幣價值。而保險通過此衡量投保人一旦身亡所帶來的經濟損失程度，並將損失程度作為確定可令受保人家屬的經濟狀況保持在相仿水平。這就是確定壽險保額的原則。簡單來説，生命價值的計算公式是把年均收入扣除各種税收、保費、生活費等支出

後，淨餘可用於家庭上的金額，再乘以未來工作年期。當中包括以下因素：

- 受保人的年均收入
- 受保人的每年個人開支
- 受保人目前年齡
- 受保人計劃退休年齡

以一個家庭來說，受保人應是主要經濟支柱，如外出工作的年輕父母，因此，要為孩童提供足夠保障，並非為他們投保高額純壽險，而是以父母為受保人買入壽險，並以孩子為受益人，這樣即使經濟支柱不幸倒下，孩子仍可獲得足夠支援。另一較適合的做法是為孩童買入具儲蓄、危疾或醫療成分的壽險，可助他們累積一筆金錢靈活運用；孩童亦較常因疾病或意外而需接受治療，這類保障亦貼近人生階段所需。

———————————————

「原來投保金額背後是有所依據，那麼為保障 BB 未來，就應提高家南的壽險保障額，因為他是我及 BB 的重要經濟支柱，一旦他有任何意外，我們就損失慘重！」齊保宜將 BB 放在大腿上，一手托著他的胸部和下巴，一手輕輕拍打他的背部，為剛吃飽的 BB 掃風。「但剛才你又説保險公司不一定批准，看來現實不會如電視劇般，男、女主角揮一揮指尖已可隨時投保逾千萬元。」

看到齊保宜總算茅塞頓開，對保險有多一分理解，教齊智保有一點點安慰，多年深耕細作並沒有白費，終於有些少收穫。「很多人都知道保險公司會審核投保人的健康狀況，其實另有一程序，稱『財務核保』，以考慮保障額度大小、供款能力是否足夠，以及保費來源是否正當。」

「究竟怎樣才算大額投保？要提交任何證明嗎？」為兩母子未來而著緊，齊保宜正準備連珠發炮追問，這時聽到「嗝」一聲，「風」出來了，BB整個人生猛了，笑著望向齊智保，似是同樣期待這關乎他福祉的答案。

如何確立保障額度

誠如齊智保所言，保險公司在進行財務核保時，會要求投保人填寫「財務需要分析表」，主要用於了解投保人的個人收入、開支、資產、債務、家庭負擔及現行已生效的保險計劃供款情況，和日後退休大計等。計算入準投保人的個人收入的項目包括薪金、花紅、租金收入及其他經常收入等。

而投保額逾數百萬元的大額保單，保險公司會進一步要求投保人申報「財務聲明」，及索取其個人或業務財務資料，以至資產記錄等，包括土地註冊處或公司註冊處所顯示的物業或公司擁有權、公司財務報告、公司及個人稅務資料等。

另外，年齡也與保障額度相關。一般來説，18 至 40 歲的投保
人，距離 65 歲法定退休年齡長達 25 至 47 年，所以需要高額
保障，以應付投保人死亡對家庭所造成的重大經濟損失，個別
保險公司給予這年齡層的投保額可高達年薪的 30 倍。而隨年
齡增長，與退休期差距收窄，倍數亦會相應調低，至 61 歲臨
近退休，更有機會跌至 5 倍，以反映死亡所帶來的經濟損失
較少。

值得注意的是，被納入財務核保的總保障額度中的保障額並不
止於現行申請的額度，亦包括在同一公司或其他公司已生效或
待審核的保障額。這是為了防止有人透過多重投保而獲取不法
利潤。舉例來説，假設顧家南擬向 A 保險公司買入保障額達
500 萬元的壽險，雖然 A 保險公司審核後，認為他的投保額最
高可至 500 萬元，但因顧家南早已擁有一份由 B 保險公司繕
發的 200 萬元保單，則 A 保險公司最多只會接受他投保 300
萬元，因審核中的 A 保單及已生效的 B 保單，合共保障額度不
可超逾 500 萬元。

壽險的
誤區

3.1

投資相連壽險的常見疑問

齊智保今次遇上了大難題。

事緣爺爺的徒弟——太極班的大師兄希望盡快辦妥購買投資相
連保險的手續，以便進攻看好的新興市場。作為一個盡責的保
險人，齊智保深明對產品的正確理解對投保人來說至關重要，
可是說了半天，大師兄還是一知半解，纏夾不清。

「小師弟，大家同門學藝，有話不妨直說！」

大師兄漸漸不耐煩，語氣也越來越重：「我只想知道供款多久

才可達致打和點，你卻總是含糊其詞、『如封似閉』，到底是有甚麼難言之隱？聽說保險公司精於計算，難道保證回報也是『不能說的秘密』嗎？」

何謂回本期？

為甚麼投資相連保險（投連險）不能像傳統壽險般提供相對準確的「打和點」呢？原因並非大師兄誤會的「不能說的秘密」，

而是兩者在結構上根本不同。

傳統壽險之所以能提供較準確的「打和點」，主要原因在於受保人繳交保費後，扣除相關成本後的淨保費將會併入保險公司的整體投資中，所得收益會用於累積現金價值（Cash Value），作為派發保證回報的來源。換言之，在長期固定而保證的回報基礎上，便可以輕易推算出較準確的「打和點」。

投連險的結構則截然不同，乃是一種壽險保障與投資計劃的組合。受保人繳交保費後，扣除相關成本後的淨保費會撥入專屬的個人投資賬戶內，保單價值與投資表現直接掛鈎。投資選項以基金為主，保險公司的角色乃是提供一系列的基金產品，以供受保人按個人風險取向及市場看法，自行分析、選擇、投資與轉換。

一如證監會所説：「基金價格可升可跌。」投連險的保單價值既端視基金表現，故回報亦存在較大的不確定性，當然不可能提供「打和點」了。

事實上，若受保人投資有道，保單價值水漲船高，回本期有機會超前完成；反之，若投資表現未如理想，則回報或會遠遜預期，甚至錄得虧損（低於已繳保費）。因此，若投保人追求較確切的回報及保障，或具中短期資金需要，投連險則未必適合。

「沒有保證的回報，也是一種回報！」大師兄聽完齊智保的解說後，立時大感興味，鍥而不捨地追問：「投連險既有保障，又有回報，還有投資增值機會，一次過滿足 3 個願望，不是挺划算嗎？」

「大師兄，你覺得學武之人，練太極拳、詠春還是泰拳勝算較高呢？」

大師兄搔搔頭，對齊智保的問題摸不著頭腦：「幾種武術屬不同門派套路，應該不能直接比較吧⋯⋯」

「正是如此。」齊智保點點頭，答道：「傳統壽險重視保障，投連險則聚焦於回報，兩者的產品結構與風險構成截然不同，怎能混為一談呢？」

投連險與傳統壽險的分別

太極以守為攻，詠春攻守合一，而泰拳則以攻為守。與武術門派相似，某些保險是理財產品，具備投資性質，當然不同產品的回報與風險亦相異。投連險的回報之所以有機會跑贏傳統壽險，原因就在於「風險自決」。

一如前述，傳統壽險的淨保費會撥入保險公司的整體投資中，以為受保人提供保證回報。既是投資，當然有賺有蝕。若保險

公司的投資收益高於保證數額時，額外收益部分將派發予傳統
分紅壽險保單的持有人，也就是坊間慣稱的「紅利」；反之，
若投資錄得赤字，保險公司便會承擔該項損失。

換言之，傳統分紅壽險保單並非沒有投資風險，而是投資風險
由保險公司代替受保人一力扛起。對於受保人來說，這種保守
保證的投資方式一如太極拳，對戰投資市場以守為攻，借力打
力，雖然進攻力度稍遜，卻後勁綿長，風險較低。

至於投連險則屬於個人投資行為，受保人須自行面對市場風險
變化。以武學作喻，投連險猶如實戰型武術，受保人放棄保險
公司代為承受風險的掩護，一力扛起投資風險，與市場對決。
面對牛市熊市，保單持有人的保單價值及死亡賠償金均會出現
不同變化，而相關風險則須自行承擔。

有風險好，還是無風險好？高風險好，還是低風險好？其實難
以一概而論。正如不同門派的武藝各擅勝場，攻守皆有法度；
不同的保險產品亦各有優點，令保障型與回報型的投保人均能
各適其適。

──────────────────

經過漫長的說明，大師兄終於充分理解投連險的運作及結
構，隨即催促齊智保為他開立保單。不過，雖然名義上是「師
兄」，但實際上已是年逾半百的長者，為謹慎起見，齊智保耐
心做足所有風險評估。

「大師兄，但凡購買投資相連保險的客戶，監管機構都會要求
公司作售後電話確認，確保客戶明白產品內容及風險，加上你
是屬於『弱勢客戶』……」

「豈有此理！」

大師兄一聽立時怒髮衝冠，拍桌罵道：「小師弟，我好歹也是
你師兄，怎敢視我為弱者？看招！」話沒說完，雙手一擺「撇
身捶」，齊智保無奈之下只好連忙接招，還以一式「野馬分鬃」。

何謂「弱勢客戶」？

大師兄稍安毋躁！

齊智保或相關機構絕無對大師兄有半點不敬，反之，乃是監管
機構及保險業界在關顧客戶利益的大前提下引進一系列橫跨銷
售前期、期間及之後的改善方案，以盡力保障消費者權益，當
中尤其重視對「弱勢客戶」（Vulnerable Customers）的保障。

大師兄雖誤會智保視他為「弱者」，但「弱者」與「弱勢客戶」
實際上並無關係。所謂「弱勢客戶」，又稱為「需要特別關顧
客戶」，乃指：
· 65 歲以上人士；
· 教育水平屬小學或以下程度的人士；或

・沒有固定收入的人士。

過往社會上的確曾發生一些年長或教育程度較低人士，因錯誤理解投資相連保險的供款年期而引致不愉快事件，較常見者包括：誤以為長期計劃的初始供款期已是全期供款，以及未有充分了解投資風險及相關費用等。監管機構為確保此類客戶獲得恰當銷售，即使是非投資相連的壽險產品，同樣必須經過保險公司的售後監控措施。

正因如此，目前保險人在推介投連險產品前，不論對方是大師兄這類長者，或年輕人、市井或專業人士也好，都必須按既定程序進行適合性評估，並由保險代理清楚解釋及比較產品特色和收費等，再協助客戶完成「財務需要分析表格」和「風險承擔能力問卷」等，以令投保人清楚理解「到底我買了些甚麼」。

若投連險的銷售過程並非於保險公司辦公室內錄音進行，保險代理更須進行「售後跟進電話服務」，於保單簽發後 5 個工作天內致電客戶確認。這一系列措施背後，正正是要通過不斷強化的風險提示，令客戶更加清晰理解「到底我買了些甚麼」，並盡力協助未能理解保單內容或負擔供款的客戶避開誤區。

3.2

紅利與
實現率

陽光猛烈的兩點半，齊智保剛好路過利群茶餐廳。正想進去喝杯凍鴛鴦，誰知大門洞開，小小店面恍如打擂台，於中間大圓枱兩陣對疊的是齊老闆與麵包師傅仔，枱邊四周則圍觀著熟客們，有的隔岸觀火，有的竊竊私語，也有口沫橫飛連番偉論。

齊智保差點以為自己走錯了店。忽地「啪」的一聲響，只見師傅仔振臂拍枱，兩杯清茶應聲倒地。

「齊老闆，為甚麼花紅不是保證有一個月人工？」

齊老闆在人群驚呼聲中淡定讓開，避過傾瀉而下的茶水，「師傅仔，利群開業 30 年來都保證有雙糧，這一點你放心。但天下間哪有保證的花紅？」

此話一出，茶客們頓時議論紛紛。有的認為，花紅亦是收入的一種，理應保證；也有的認為，花紅多少須看經營成本與市場環境才能決定。

「不保證最少一個月花紅，蛋撻就不出爐！」

師傅仔雙腳一蹬，站了起來，似乎有所動作。護夫心切的齊師奶從旁搶進，一把地拖插向兩人腳底，嚇得師傅仔倒退一步。

棍一著地，齊師奶雙手叉腰，喝道：「我家智保話，壽險回報都年年不同。連大公司都不會保證，小小茶餐廳又怎到你説要就要！」

「媽，你又在胡亂詮釋保險概念，教壞街坊！」齊智保趕忙轉移話題，一邊抄起抹布，一個箭步插進 3 人之間，一邊腦筋急轉彎，思考如何化解利群的下午茶危機。

保證現金價值

公司每年派發雙糧和花紅，與含儲蓄成分的分紅壽險保單確有相似之處。僱傭雙方立約的最基本原則，就是員工提供「服務」，老闆則支付「薪金」。換成保險關係來看，則是保險公司提供「保障」，受保人則支付「保費」。正如公司有錢賺，打工仔可享有雙糧、花紅一樣，受保人亦可受惠於保險公司的投資收益所帶來的額外回報。而這項回報既有「保證」部分，也有「非保證」部分，我們通稱為「現金總值」。

先説保證部分，如同打工仔入職時，公司會於合約中列明有否提供雙糧，令雙糧成為契約下的保證回報；分紅壽險亦有保證回報，通稱「保證現金價值」。

「保證現金價值」為保險公司承諾，於保單生效期間向受保人提供的保證價值，按年累積，並於投保時與壽險保障一併明確列於保單計劃書內。「保證現金價值」須扣除已繳保費及開支，故一般會在繳交保費兩年後才出現，數額視乎個別保單而定。受保人可於退保時提取現金價值，或用作繳清保費及借貸等用途。

至於非保證部分則普遍稱為「紅利」,簡而言之,就是保險公司與受保人分享的利潤,於保單周年公布。「紅利」可分配盈餘須根據多項因素而定,包括投資回報、索償金額、開支或公司政策等,故派發與否及實際金額都屬於非保證。

爭持不下之際,利群的玻璃門再度被推開,來者是隔壁「厚生藥房」太子女小文。原來,小文總是趁下午茶時段來品嚐馳名蛋撻,與師傅仔日久生情。惟藥房老闆文醫師卻覺得師傅仔

「入息不穩定」，因而棒打鴛鴦。

「我想日後憑手藝開餅店，所以幾年前買了一份儲蓄保險，5年後便可以連本帶利取回。最近想計算一下到期後有多少錢，但是保險公司的答案卻模棱兩可，一時說不保證，一時說高於或低於預期，一時又是甚麼期終不期終。我根本聽不懂，情急之下就去追問齊老闆，結果搞出了大頭佛。」

師傅仔嘆一口氣，牽著小文的手，魁梧的身軀與溫柔的眼神頗不搭調。「我只想保證她的幸福。」

一番深情剖白，博得圍觀茶客一面倒同情。連帶齊老闆也為他站台，向智保一瞪眼，語帶雙關：「買的時候就說有這樣那樣的回報，要取回的時候就這也沒有那也不保證，這不是騙人嗎？」

「下午茶都有 A 餐、B 餐、C 餐之分，保單回報又怎會只有一種？最重要的是知道茶餐包括些甚麼呢！」齊智保從水吧走出來，端著兩杯拿手「茶走」，抹乾淨枱面，乾脆拿出一份標準保單來作説明。

認識分紅壽險保單中的紅利

俗語説「百貨應百客」，同樣是下午茶餐，為迎合不同茶客要求，便有不同的食物組合。同理，同樣是具儲蓄成分的分紅壽險保單，為配合不同投保人的理財規劃需要，保險公司亦提供了各種保障及回報紅利組合。在此我們可以分兩方面來討論。

首先是派發紅利的方式。一般而言，保單紅利可透過 3 種方式派發，其一是現金紅利（又稱美式紅利，Cash Dividend），其二是復歸紅利（又稱英式紅利，Reversionary Bonus），其三是期終額外紅利。前兩者通常每年宣布，期終額外紅利則通常於保單期滿或生效一段特定時間才公布。

現金紅利與復歸紅利最大的分別是派發的方式。現金紅利顧名思義就是派發現金，像買的股票派發股息一樣，簡單直接。保

險公司於每個保單周年宣派紅利時便會支付現金紅利，受保人可以選擇提取或保留在戶口裡累積生息。至於復歸紅利，則不妨想像為股票市場派發紅股。保險公司每年宣派一個保證面值（Face Value）的紅利並代為管理，當保單結束，例如處理身故賠償時，保險公司便會支付復歸紅利的保證面值。

不過，受保人不一定要待保單終止時才領取復歸紅利，復歸紅利與現金紅利一樣，同樣可於投保期內提取。惟須注意，基於保證面值乃是以前述保單終結的時間點為前提，故若提前提取，便需要經過折現折算。保險公司會定期公布變現折扣率，積存的復歸紅利經過折現率計算後，受保人便可以提前提取。以一個簡單例子說明，假設保證面值是 100 萬元，提取當時的折現率為 78%，可提取的金額就是 78 萬元。

一般而言，保險公司會為代保管的復歸紅利進行波動性較高的投資，以爭取長線資本增值，換句話說，市場變動會對折現率產生較大的影響，亦因此只有在真正領取時才會知道其具體價值。由此推想可知，復歸紅利較適合長線的理財計劃，如財富傳承，而短線儲蓄計劃則或以含現金紅利的分紅壽險保單較佳。

套用齊智保的說法，若將 3 種紅利譬喻為下午茶餐，假設現金紅利為 A 餐，復歸紅利為 B 餐，而期終額外紅利為 C 餐，則目前香港市場上的「保單茶餐」，選擇一般為 A+C 或 B+C，當中又以前者較常見。

現金紅利與復歸紅利的分別

	現金紅利（美式）	復歸紅利（英式）
派發方式	派發現金，受保人可以選擇提取或保留在戶口裡累積生息。	派發保證面值，並由保險公司代為管理，當保單結束，例如處理身故賠償時才支付。
提取現金	紅利等同現金，毋須轉換即可提取。	面值不等同現金，經變現折扣率計算後，才換成現金。
特點	保險公司傾向將保單價值放在較穩定資產，潛在長線回報相對較低，但較平穩。	保險公司傾向將保單價值投資於波動較高的資產，潛在長線回報相對較高，但較波動。
組合	現金紅利＋期終額外紅利	復歸紅利＋期終額外紅利

師傅仔聽罷陷入沉思，半晌抬起頭來，語帶傷感：「智保，這麼說，我想開店讓她做幸福少奶奶的願望，是無法保證的？」

此時，大門那方傳來細微聲響，挾帶著店外的熱空氣悄悄透進來。齊智保心神領會，微微一笑，也是語帶雙關：「保單紅利雖然不能保證，但若做出了實際成績，符合當初預期，豈非令客戶更有信心？」

一番話似乎令師傅仔有所領悟，一拍桌子，叫道：「我明白了！雖然不能保證創業成功，但努力工作卻能保證她的幸福！」

「説得好！」齊智保回頭朝大門看去，師傅仔順著他視線看去，只見大門那邊站著齊師奶與文醫師。原來剛才乘著智保解説之際，醒目的齊師奶走到隔壁死拉活拽地將文醫師請了過來，恰好趕上，聽到了這番對話。

文醫師抬起嚴肅的瘦臉，望望壁上時鐘，又望望師傅仔，以近乎無法察覺的微笑道：「3 點 3，酥皮蛋撻還未有嗎？」

「知道！一定準時出爐！」

何謂實現率？

紅利表現取決於投資回報，實際派發的紅利有多大程度符合當初預期，我們稱為實現率（Fulfilment Ratio），也即分紅保單實際派發的非保證紅利除以保單銷售説明時的數額的平均數。

每份保單的紅利都不一樣，即使同一份保單，每年的紅利亦不相同。以下用一份分紅壽險保單首 3 個年度的紅利情況，簡單説明 3 個實現率情景，即符合預期（100%）、高於預期（105%）及遜於預期（98%）。

分紅壽險保單的紅利情況假設

	銷售說明時預期累積紅利	實際派發的累積紅利	計算方式	實現率	表現
第一個保單年度	1,000	980	980/1,000	98%	遜於預期
第二個保單年度	2,000	2,100	2,100/2,000	105%	高於預期
第三個保單年度	3,000	3,000	3,000/3,000	100%	符合預期

值得注意的是,坊間雖有說法認為,實現率越高,就代表保險公司的承諾越能兌現,惟宜留意此大前提下,所比較的產品應屬相同類別。

一如前述,分紅產品有美式「現金紅利」及英式「復歸紅利」之別。現金紅利偏向提供穩健回報,故保險公司在投資策略的定位亦會以保守的債券類別為主,令產品的潛在回報或偏低,卻相當大機會達致或貼近預期,因而令實現率較理想。反觀復歸紅利的目標是爭取長線資本增值,保險公司在投資策略的定位亦會加入較高比重的高波幅投資,如股票。雖然這會令實現率變得不穩定,卻有機會於長線得到較佳回報。

正如師傅仔希望令小文成為餅店老闆娘,這個長線願景因受眾多客觀因素左右,令實現率變數較高;反觀在利群工作,每年紅利金額雖然不保證,但在齊老闆「拍心口」下有較高的實現機會。兩者到底孰優,難以一概而論。

3.3

何謂
可保利益

「哈囉，Lucky，聽說你已被領養，就快有新家，真是太好了！」

齊智保、堂姑姐十三妹與其好友九姑娘都是愛動物之人，這天相約到救助動物組織做義工，3 人邊清洗狗籠邊閒話家常。

忽然，九姑娘話鋒一轉，向十三妹說：「早前我跟你提及的事，求你答應我吧！」

「不不不，怎可這樣做！」十三妹措手不及，連忙耍手擰頭。

「十三妹，你我都是單身一族，應明白我的憂慮。天有不測之
風雲，萬一忽然離世，毛孩們頓變『孤兒仔』流落街頭。每次
一想到這件事，我就擔心得失眠！」九姑娘只得轉變策略，動
之以情。「你做我的壽險受益人只是舉手之勞，幫個忙吧！」

原來九姑娘的表妹早前因乳腺癌逝世，令她頓覺人生無常。為
免日後遇上不幸時，家中的兩貓一狗頓失照顧，故決定未雨綢
繆，買入壽險，並希望十三妹作為受益人，他日可以用壽險理
賠代為照顧寵物終老。

兩人你一言我一語，越說越僵。在旁聽著的齊智保，卻越聽越覺得不對頭，直至聽到「受益人」這番話，就再按捺不住開口：「九姑娘，十三姑姐，你們這樣爭拗下去也沒意思啊！」

智保雙手一攤，作無奈狀：「即使你們兩人你情我願，也不能通過保險公司的核保要求，因為你們之間並無『可保利益』關係，不符合壽險保單審批的原則。」

_____

何謂可保利益？

在深入剖析「可保利益」前，先淺談壽險中常見的兩名詞，即「保單持有人」及「受保人」。

保單持有人是購買及唯一有權更改保單內容的人士，他／她可以更換保單持有人、受保人及受益人，個人資料及保障範疇等，亦可提取保單紅利。

受保人是指某人以個人身體狀況或生命為投保，一旦離世，保險公司就會履行身故賠償責任。

壽險合約要求保單持有人和受保人之間必須具備「可保利益」。可保利益意是指保單持有人與保險標的物（Subject Matter）——在人壽保險中即是受保人的性命——之間，必須具有獲得法律或衡平法認可的關係。

可保利益的構成可大致分為兩個層面。其一是家庭關係，最常見的是配偶。在司法假設上，一個人對自己及配偶的生命有無限金額的可保利益，此點不必具備權利上的證明。另外就是直系家庭成員或血緣關係，此關係本身亦足以構成可保利益，按此延伸，未成年人的父母或監護人，同樣擁有該人的可保利益。因此，丈夫、妻子、父母、未成年子女等，毋須可保證明，已可被視為擁有可保利益。

值得注意的是，非直系家庭成員，如祖孫、兄妹或叔侄等，以至非法定婚姻配偶，如同居伴侶或戀人等關係，通常不會被確定為擁有可保利益。

除配偶外，另一個非關血緣的可保利益，就是經濟損失的權益關係，常見的包括債權人、生意合夥人及合約關係等。在上述關係中，受保人死亡均會為另一方帶來經濟損失，故亦符合可保利益。

九姑娘與十三妹份屬好友，雖然情同姊妹，但並不是真的具血緣關係；而九姑娘即使不幸亡故，亦不會為十三妹帶來經濟損失，雙方並不具備可保利益。

――――――――――――――

一番正知正解，正合十三妹心意，忙不迭先封後門：「九姑娘，你聽見了吧？不是我不願意，而是有心無力，保險公司要求『滴血認親』……」

「保險公司設立這些擾民規矩，不知有甚麼企圖！保費是我付的，為甚麼理賠金不能給自己所選的受益人！」

「不是不能，只是不能給沒有關係的人⋯⋯」

智保還沒說完，九姑娘已忍不住繼續搶白，一手指向中心的辦事處。「我聽說院舍負責人陳小姐再婚後，也可以為繼子女買保險，他們也沒有血緣關係，為甚麼我不能⋯⋯」

話沒說完，陳小姐忽然快步走出來，呼喚其他人幫忙。原來有義工剛從環境惡劣的繁殖場救出了一批名種貓狗。這些貓狗因被無良主人強迫過度繁殖牟利而百病叢生，又因長期被困在籠內，以致四肢變形、惡臭難當。眾人不忍卒睹，議論紛紛。

智保嘆口氣，道：「九姑娘，所謂『利之所在，無所不趨』。為了錢，有時人類甚麼可怕的事情都可以做。如果對受益人身份沒有限制，或會出現有人藉著傷害受保人而獲得保險公司賠償的情況。這樣便無法提供經濟補償給真正有需要的受益人，違反了保險原則啊！」

受益人的定義

受益人是指受保人於受保期間身故，可取得賠償的一方。一般來說，保單持有人與受保人通常為同一人，但亦有例外情況。

人壽保險以受保人的身體狀況或生命作為保險標的物，定下可保利益的規定，便是為了防範不法之徒利用保險制度，為求獲得理賠金而傷害受保人。根據行業慣例，除了造成經濟損失，如債權人關係，保險公司目前一般只會接受有家庭或血緣關係之人士作為受益人。不過，隨著社會發展與家庭關係多元化，現時不少保險公司都將受益人的定義有所延伸。像是沒有血緣關係的家庭成員，若屬於法律認可的關係，同樣可獲接納成為受益人。

按目前保險公司規定，「子女」的定義既指投保人及其配偶或前配偶所生的子女，亦包括他們所領養的子女或繼子女，如動物院舍負責人陳小姐的繼子女，就是一個好例子。

此外，部分保險公司亦逐步擴闊受益人的範圍至非直系親屬，如祖孫、未婚夫婦等。

忙碌的義工活動結束後，3人結伴到利群茶餐廳稍事休息。

不過，無法為家中寵物作好安排，加上剛才目睹被遺棄動物的慘況，還是令九姑娘耿耿於懷，一邊啖著透心涼的凍檸茶，一邊無法自制地長嗟短嘆。

「九姑娘，我這個好姊妹拍心口承諾，萬一有甚麼三長兩短，大家互相照應寵物們就是了。」十三妹為安慰對方，只得故作

輕鬆，但心裡也不好過。「至於壽險受益人甚麼的，你就死了這條心吧！」

九姑娘嘆道：「十三妹，我對你自然信心十足，但今天看見無人照顧的動物們的慘況，再想起自家孩子們，就實在難以放心！」

齊智保心裡也挺難過，卻束手無策，「抱歉……」

一直不發一言在旁看著的齊老闆，將葱花蛋治放在枱面，再一巴掌輕輕打在智保頭頂上，冷冷地道：「哼，還說甚麼保險幫人，也不動動腦筋！」

齊智保摸著頭頂，無言以對，只聽齊老闆續道：「不是說慈善機構可以成為壽險受益人嗎？九姑娘如有這個心，將保單捐給救助動物組織，也是為動物著想啊！」

一言驚醒夢中人，3 人愣住片刻，齊齊大叫一聲：「對啊！」異口同聲笑了起來。

_____

如何指定慈善機構為受益人

齊老闆說得一點也不錯！

雖然慈善機構與保單持有人之間並不存在可保利益關係，但因

應社會善心人的美意，目前大多數保險公司均接受慈善機構成
為保單的受益人。

保單持有人可根據個人的意願，機構的背景、宗旨、服務對象
及範圍、捐款用途等資料，決定將全數或某個百分比的投保額
給予指定慈善機構，且可指定多於一個慈善機構作為受益人。
惟該組織必須屬於政府註冊的慈善組織。而保單持有人在填
報受益人時，亦須提供該慈善機構全名、地址及慈善機構註
冊編號。

假設九姑娘本來已將父母作為其壽險保單首兩個順位的受益
人，另計劃將保單捐贈予兩個理念相近的註冊救助動物組織，
她可以按意願明確分配各受益人所得的保險金百分比。若她決
定父母各得 35%保險金，另外 15%捐給 A 救助動物組織，餘
下 15%則捐給 B 救助動物組織，一旦她離世，保險公司就會
按照其指示作出分配。

3.4

壽險轉保
前須三思

利群茶餐廳最忙碌的午飯時段，坐鎮收銀櫃台的齊師奶卻心神恍惚，頻頻出錯，惹得水吧廚房怨聲載道。齊老闆忍無可忍，將今日第四張出錯的外賣單「啪」地放在她面前，嚇得沉思中的齊師奶整個跳起來。

「搞甚麼？嚇死我了！」

「我才要問你搞甚麼呢！」齊老闆一指堆放在櫃台旁邊卡位上的外賣盒子，埋怨道：「整日神不守舍，外賣單錯漏百出，打回頭的食物足夠派街坊了！」

齊師奶自知理虧，只好從實招供。

原來，通脹升溫、百物騰貴之下，齊師奶的金蘭姊妹們都想方設法，或為子孫預留身後錢，或協助子女買樓上車。其中老友美芬就乾脆取消供款多年的傳統壽險保單，轉買兼具投資與保障功能的投資相連保險。新保單每月供款較少，而她相信，看好的新興市場股市若長線上升，可以帶動她的保險金額水漲船高。

齊師奶聽得心動不已，想到百年歸老後齊智保可獲得數以百萬元的理賠金額，遠勝 20 多年前所買的 50 萬元壽險，這幾天一顆心已飛向新保單。

「我這樣做全是為了齊家著想。你想想，智保是 9 代單傳，萬一無錢買樓結婚，我們死後如何向列祖列宗交代？不如你也一

起轉保，以新代舊。」

齊老闆雖然完全無法理解齊師奶的邏輯，但相當理解男人無法說服女人這條金科玉律，於是說：「保險轉保不似茶餐廳改單般簡單，有很多考慮因素，你還是等智保回來問清楚再作決定吧！」

《客戶保障聲明書》

人壽保險屬於超長期的合約，有別於一般保險，供款期較長，可能逾 10 年甚至終身供款，比比皆是。因此，投保人棄舊單轉新單，就有機會令一些潛在不利因素浮現，倘若新保單與原保單性質不同，例如以投連險取代傳統壽險保單，就更應仔細了解兩者的性質及風險異同。

投保人在作出上述決定前，建議應先將新舊保單作比較，具體方法包括：詳列原保單享有而新保單沒有提供的附加保障利益，列明新保單較為切合個人需要的原因、轉單的優缺點等。另外，亦可向保險代理查詢以新代舊以外的選擇。

香港保險業界為了確定投保人轉保前已謹慎考慮各種因素，並仔細比較原保單與新保單的條款，衡量是否符合本身的最佳利益，規定投保人必須在簽署購買新保單的投保申請書時，同時在保險代理協助下填妥《客戶保障聲明書》。《聲明書》內設

有指定欄目，交代轉保原因、理據以及受影響項目的細節。投保人在簽名作實前，應核實《聲明書》上填報的資料是否與代理所說相符；一旦簽署，即代表所有資料正確無誤。投保人應緊記不應在空白或未填妥的表格上簽署。完成後，宜妥善保存《聲明書》，因為日後轉保事宜若出現任何爭拗，該份文件可被視為客觀佐證。

晚上 8 點多，利群茶餐廳正準備打烊，齊師奶又趁機在齊老闆耳邊施展「音波功」，不住口地碎碎唸：「智保、結婚、買樓、齊家有後、保險金幾百萬⋯⋯」，務求令齊老闆盡快答應一同轉保。

「音波功」由午飯時段開始無間斷轟炸，正當齊老闆快要舉手投降之際，「援兵」齊智保適時趕到。聽畢事件經過，立時一指定江山，一番話輕易扭轉了局勢。

「媽，不理爸爸意願、軟硬兼施要他轉保，行內叫做『誘導轉保』，是極不負責的行為，大家一直致力杜絕這股歪風。再說，『轉保』會對投保人帶來一定風險，你到底有沒有向爸爸提過啊？」

轉保對財務及受保資格的影響

齊老闆差點就被「誘導轉保」了。但說到有甚麼風險，恐怕連齊師奶自己亦說不出所以然。其實轉保涉及的風險主要有兩方面：

財務影響

首先，在開立壽險計劃時，投保人通常需要繳付開立保單費用。倘若以新代舊，亦須再次繳付開立費用。費用可能相等於

兩年保費或整筆保費的 10%，視乎具體產品情況。

其次，原有保單中途退保亦要繳付退保金，有關比率視乎所揀選計劃的繳付年期及已供款年期而略有不同。簡單來説，繳付年期越長及供款年期越短，收取的比率就越高。保險公司會在發還保證現金價值時扣除退保額，故毋須額外繳付。

另外，隨著投保人年齡增長，即使保額相同，新保單涉及的保費亦理所當然較高。

受保資格的影響

即使投保人買入相同種類的保障，亦不應以為過往能夠成功投保，新保單亦然。

隨著年歲增長，加上個人健康狀況、職業、生活習慣及嗜好等不同，保險公司的核保考慮或有不同。例如若投保人以前沒有吸煙，而現時則屬煙民一族，或開始鍾情高危運動等，這些生活上的轉變可能會導致部分保障被拒或需要支付較高的保費。

———————————————

成功解圍的齊老闆，落足心機為齊智保炮製他最愛的「少啡多茶」凍鴛鴦。反觀齊師奶計謀不成，不禁悻悻然，東張西望想要尋個事端，借故發難。齊老闆連忙找個事兒，離開「狙擊」位置。「對了，廚房二鑊明仔昨天辭工，差點忘了要出門外貼招聘告示。」

明仔在利群工作 5 年，年資不短。齊師奶說：「真不明白年輕人想法，他對利群沒有不滿，卻說甚麼轉工為了試新環境。又要重新過試用期，又要再適應，值得嗎？」

半杯鴛鴦到肚，齊智保把話題帶回轉保上，繼續向齊師奶灌輸保險知識，「轉換新工作，不少福利都要等到試用期後才能享用。轉保也是一樣，一些對索償資格有影響的條款，如『自殺條款』及『不可爭議期』，同樣亦要在新單生效後一段時間才

適用呢！」

_____

何謂「不可爭議期」？

「不可爭議期」是人壽保單中常見的條款，只要保單生效一段
時期，通常為期兩年，即使保險公司其後發現投保人在填報申
請書時資料不全，如沒有披露重要事實等，只要不涉及欺詐成
分，則保險公司不可以就保單提出爭議或抗辯。

惟須注意，「不可爭議期」條款甚少引入於壽險的附加契約
上，因此大部分以附加契約形式買入的保障，如危疾等，若未
有披露的資料足以影響當初保險公司的承保決定，即使保單生
效逾兩年，保險公司都可以提出異議。

以下是一個關於投保人在壽險生效 3 年後死於鼻咽癌的投訴
個案，可顯示「不可爭議期」發揮的保障作用。

案情

投保人在簽署了投保申請書 4 天後被診斷患上鼻咽癌，但在
投保申請書上或在接受身體檢查時未披露上述任何病徵，因此
保險公司拒絕給付死亡保險利益，理據是保單所有人沒有披露
重要事實。

辯解

投保人妻子指，丈夫在投保多個月前已經常傷風感冒，而他的
鼻咽癌病徵又跟傷風感冒非常相似，加上他本身不是醫學專
家，所以以為又再傷風感冒。此外，投保人在投保申請書上有
披露曾患傷風感冒，服藥後已經復原，此舉足證他投保時已經
盡其所知全面披露所有病歷資料。

裁決

保險索償投訴委員會指出，投保人已回答申請書上數條關於患
上或接受治療的「病徵」的問題，無證據顯示刻意隱瞞病徵。
加上投保申請書亦沒有要求投保人在簽署申請書至合約生效期
間，若健康狀況出現變化，必須通知保險公司。更重要的是，
投保人死亡時已過「不可爭議期」，除非證實投保人欺詐，否
則保險生效兩年後，合約不可被撤銷，保險公司須賠償死亡保
險利益。

齊師奶本以為轉保簡單如茶客轉單，但上完齊智保的「轉保精
讀班」後，才發現當中牽涉的利害及保障範疇甚廣。想到轉保
無望，不免心情大壞。

「報紙說現在的年輕人都是『靠父（母）幹』才能買樓，我
本以為說服齊老闆一起轉保，待我們百年後，保險金可以幫

助你上車。怎知轉保卻不是我想那回事，不能幫你贏在起跑線了！」

齊智保聽罷先是一呆，繼而哈哈大笑，忍不住用勁擁抱可愛的媽媽。「如果要等你們用遺產幫我上車，豈不是還要等 60 年，等到你們 120 歲？到時我們一起住老人院吧！」

齊師奶忍俊不禁，也「噗嗤」笑了起來。

「我並不反對你買投連險，當然事前必須再上『智保精讀班』。我只想告訴你，轉不轉保有各種取捨，而且還有許多其他選擇。」智保將凍鴛鴦遞到母親嘴邊，讓齊師奶甜滋滋地喝了幾口，續道：「例如信任自己的兒子已長大成人，可以靠雙手賺錢買樓及孝順父母……」

此時，齊老闆貼好招聘告示，重回茶餐廳。看見齊師奶笑得合不攏嘴，亦忍不住笑而吐槽：「你的寶貝兒子連你這個野蠻師奶也哄得熨貼妥當，你還怕他結不成婚、齊家無後嗎？」

轉保與不轉保的取捨

假若轉保的目的只是為了加大保額或增加保障範圍，投保人應考慮在原有保單附加額外保障條款，或考慮在保留原有保單之餘，另外購買一份保險，而非轉換原有保單。

但若經濟能力有限，必須中斷原有壽險計劃才能購買新的壽險計劃，消費者則應先權衡轉保後的得失，例如新壽險計劃的預算現金價值或紅利與原有計劃的差別等，方再作出決定。

另一種常見的情況，是保險代理轉職時游說客戶將原保單以現行條款不變方式，包括保額、紅利、現金價值、權益及條款等範疇，轉換到新的保險公司。不過保險代理最終可否兌現承諾，仍要視乎投保人能否通過新公司承保政策，所以在新單生效前，不要先行中斷原保單，否則就要承受空窗期風險，即期間並無保障覆蓋，有事無法索償；而當批出的新單條款未如預期，如與原保單百分百相同，甚至最壞情況是被拒保時，投保人就進退失據。

CHAPTER

4

危疾的
誤區

4.1

沒有披露
事實

吃五星級酒店的名貴自助晚餐，猶如以舌尖環遊世界。不過齊
智保無暇享用，皆因要應付姐夫顧家南不絕口的查詢。原來，
顧家南公司的超級貴客周總經理希望購買危疾保障，找來齊智
保幫忙，今晚正是他與投保人首次見面。

「姐夫，放心吧！若果之前的資料沒有錯誤，只要文件齊備，
如實申報，保單獲批的機會相當高呢！」齊智保笑著輕拍桌面
的文件，信心十足地說。

顧家南立時鬆一口氣，仍不忘再三叮囑：「我有 3 張訂單要靠

周總經理幫忙，不容有失，今次全靠你了。」

說話之間，白光一閃，兩人四眼頓時滿天星斗。定一定神，原
來是周總經理一家三口姍姍來遲，周夫人優雅地伸手來握，無
名指上的 3 卡鑽戒不經意地閃耀了兩人。

「唉喲，來遲了一點，真不好意思！聽說最近大熱的『滅鼻鼾
枕頭』很有效，剛才忙著去搶購。」周夫人一邊說，一邊大幅
揮動戴著鑽戒的左手：「都怪他，鼻鼾聲如雷動，每晚都要被
他吵醒幾次，又不肯接受治療⋯⋯」

話沒說完，周總經理「噓」了一聲，白了夫人一眼。夫人似乎自知說錯了話，連忙拉著女兒去取食物。

「這個⋯⋯如果有諸如睡眠窒息症等問題，必須在『健康申報表』上如實披露。」齊智保察覺不對勁，連忙盡責提醒。

「亂說！」周總經理立時板起臉，以大客戶的權威口吻怒道：「這已是陳年舊事，我連公司的身體檢查也過關，何須再提！」

「對對對，不報也沒甚麼關係⋯⋯」顧家南連忙將肥美的魚生咽下，趕著打圓場，一邊向齊智保大打眼色。

不過，基於保險人職責所在，齊智保還是決定硬著頭皮說下去。「周總經理，保險公司有承保部及理賠部兩大部門把關。沒有如實披露的話，或會影響核保決定⋯⋯」

「正因如此，你才更應該『識做』呀！」周總經理面色一沉。

何謂「沒有披露事實」（Material Non-disclosure）？

像周總經理般以為「病歷已是很久以前的事」，毋須申報，或自行篩選哪些健康資料應作申報，可以說是投保人在購買保險時相當常見的誤解。部分投保人為求以正常條款投保，更會意

圖隱瞞以前的病歷。然而，投保時所披露的個人現在及過去的健康狀況至關重要，保險公司有機會因投保人沒有如實披露，而在索償時拒絕賠償。換句話說，不實隱瞞縱然瞞得了一時，結果亦可能使保單「得物無所用」。

在投保時，保險公司的承保部門會綜合申請者所提供的資料，包括會影響健康的生活習慣、現有及過去的疾病紀錄，以全面評估申請人的潛在健康風險，來決定是同意按正常條款受保，或徵收保險附加費（Premium Loading），或剔除部分保障範圍，才通過申請，以反映風險實況。因此，申請人宜確保投保時，保險公司知悉風險所在，尤其在申報舊病時，即使是一些看似「無關痛癢」的病歷或檢查，亦不宜掉以輕心。在以下情況下，便應予以申報：

- 曾被確診並知悉狀況存在
- 曾出現明顯病徵
- 曾因不適而接受檢查，即使結果顯示正常。
- 已痊癒或未有再復發的疾病
- 正接受治療／檢查的疾病
- 被建議接受治療／檢查的疾病

即使投保人未有申報，或隱瞞病歷並成功投保，亦並非等同「過海神仙」，皆因投保人在申請索償時，還須經過保險公司理賠部的審查。

投保人有一個很常見的誤解，是以為在索償時具備充足的文件

及收據等，便理所當然可以獲得理賠。其實，保險公司並不會「見單即賠」，理賠部職員除會充分了解申索病情涉及的開支是否合理外，亦會仔細調查投保人過去所有病歷紀錄。倘若從中發現投保人未有申報而帶病投保的證據，而該些資料足以影響保險公司在核保時作出公平和準確的承保風險評估，就構成「沒有披露事實」的理據，保險公司有權據此拒絕賠償，甚至撤銷合約，投保人最終得不償失。

———————————————————

齊智保手忙腳亂地應付 3 人連消帶打的問話，迄今粒米未進，早餓得前胸貼著後背。不過，吃飽了的周夫人在優雅地品嚐芝士蛋糕的同時，仍沒有放過智保。

「Well，雖然你這樣説，但我姑媽的女兒的朋友的表哥，他的保險代理也肯稍稍幫個小忙，將一些沒關係的小小小問題，姑且當作沒聽説，結果也成功投保了，而且沒有加保費。」

「不就是了！又不是甚麼大病，只是有時打瞌睡罷了！」周總經理餘怒未息，一邊大啖和牛，一邊連聲和應，説得口沫橫飛。

自助餐時間所剩無幾，為求令兩人了解箇中利害關係，齊智保仍然本著專業精神繼續解説，並以同事最近遭遇作事例。

原來，智保同事的客人幾年前投保時，隱瞞了自己長年患有睡眠窒息症的事實，並成功瞞天過海，獲保險公司接受投保。惟

客人幾個月前確診患上末期大腸癌，申請理賠時卻遭保險公司以「沒有披露事實」理據而拒絕賠償。

周氏伉儷一聽大為震驚，連忙詳加追問。

智保解釋說：「因為睡眠窒息症的嚴重程度會影響核保決定。如果當時他有如實申報，雖然或會被要求提供額外資料及接受身體檢查，甚至收取保費附加費，但總比最終無得賠好呢！」

「原來如此，那就簡單了！」周總經理鬆一口氣，隨即以權威語調下命令：「我只做過檢查，沒有治療，沒甚麼紀錄，保險公司查不出來的。你跟我說的去做，當作沒聽過，申報無問題⋯⋯」

「周總經理，恕我無法幫忙。」智保咽一口水，硬著頭皮說下去：「我希望客人能夠得到完善保障，而不是心存僥倖，卻終日提心吊膽害怕無得賠。」

一番話句句擊中要害，周總經理的面色越來越難看。此時，侍應表示自助餐時間已到，並奉上價值 4,500 大元的帳單。

周氏伉儷對望一眼，周夫人一聲「失陪了」，拉著女兒先行離座。周總經理則向帳單簿一伸手，熟練地收起內附的免費泊車券，作勢摸一下口袋，道：「真糟糕，一定是剛才太匆忙，將錢包遺漏在車上了。」語畢，絕塵而去。

顧家南深恐得罪貴客，趕忙迎出去安撫。片刻之間，偌大一張桌子只餘下齊智保一人，在璀璨燈光下，餓著肚子獨對賬單。

「沒有披露事實」的後果

「沒有披露事實」可以為賠償帶來嚴重後果。因為即使確診危疾成因與未有申報的病歷並無任何直接關係，保險公司亦可以據此拒絕賠償。

不少投保人都不理解，為甚麼「所患危疾與隱瞞的病歷沒有關係，保險公司仍然拒不賠付」？原因是，保險公司拒賠的理據與受保人患有哪些舊病並沒有關係，關鍵是受保人「沒有披露事實」，違反了承諾，亦令保險公司無法作出公平及準確的核保決定。

保險合約是一種嚴肅的承諾，健康申報書的內容雖然是由投保人自行披露，但不宜輕率看待，皆因所披露的事實會影響保險合約成立與否，以及繕發條件。若投保人的舊患屬於嚴重級別，保險公司或不會承保，即合約根本不應存在；而即使未至於此，保險公司或亦會按情況修正條款，以反映真實風險。

事實上，只要如實申報舊患，保險公司仍可能決定承保，當不幸患上危疾，保險公司仍會履行賠償責任。惟若投保人沒有披露病情，不論是無意漏報或故意隱瞞，在這個契約關係上均屬

於犯規。保險公司在核保時無從準確評估風險，則所繕發的條款亦未有反映真實狀況，故後者不單可拒絕賠償，更可將保單作廢。換言之，投保人亦等於買了「空保單」，在需要時方知無法得到保障。

假設周總經理投保時申明患有睡眠窒息症，一般來説，需進行指定項目驗身，確定病情嚴重程度，而保險公司在通過核保時，則可能有下列 4 種處理方式：

1、按原有條款通過核保

保險公司在收到申報文件及相關驗身資料，評估風險後，確定睡眠窒息症的程度不影響承保風險，並按原有條款通過核保。

2、提出額外「除外責任」

按慣例，保險不會為「投保前已存在狀況」提供任何保障，即是説，保單批出時會指明睡眠窒息症及其所引起的相關疾病並不在保障範疇。

3、提高保費

即俗稱「加 Loading」，增幅視乎保險公司評估「投保前已存在狀況」的嚴重程度而定。

4、不接受投保申請

在進行風險評估後，若發現投保人病情嚴重，保險公司有權拒絕投保申請。

4.2

最高誠信

「聽我說，難得周夫人肯再見我們，今次真的不容有失！靈活變通一點，不要再囉囉嗦嗦甚麼保險原則了。總之，沒有我示意，你不要開口亂說話。」

自從上次齊智保在酒店犯下「大錯」，顧家南得罪大客，難免終日哀嘆連連。誰知天無絕人之路，周夫人「不計前嫌」委託顧家南為其所經營的水療中心物色買家，並著齊智保一同前來，為周總經理辦妥危疾保險申請。顧家南喜從天降，與智保結伴前往水療中心途中，猶如壞掉的廣播器般，不斷重複同一番說話。

齊智保縱然不同意，但考慮到 BB 出世後，顧家南的經濟擔子大大加重，故只好點點頭，同意盡量保持沉默。

水療中心的裝潢別致豪華，除 12 間水療室外，更設有桑拿、蒸氣室及健身房，設計以日本庭院為主題，配以大理石、花崗岩及實木，格調柔和自然。正當顧家南絞盡腦汁讚美之時，招待處忽然傳來一陣超大嗓門的尖聲咆哮，伴隨著「嘩啦啦」的巨響。

「一點點小事，你們竟然歧視我！我一定叫傳媒唱衰你們！」

3 人趨前一看，大吵大鬧的竟是近年冒起的電影明星小曼。事緣小曼左手長了一塊 5 元硬幣大小的癬斑，但未有理會，如常去做臉部美容療程。職員發現後，基於衛生理由中止服務，小曼卻認為「做 Facial」不涉及浸浴，她手上的癬斑沒有影

響，結果雙方爭持不下。小曼樣子清純，在幕前專演「乖乖女」，誰想得到真人如此刁蠻！

正當小曼準備出手掌摑職員時，周夫人也不是省油的燈，一句「永不招待」，厲聲下逐客令。小曼憤然離去，才中止了一場人禍。

「我們沒問，她就可以不說嗎？癬患會傳染，客人自己也要有誠信啊！這個明星仔，竟然反罵我要求主動申報不合理，你們也說句公道話！」

「對！道理在你一方。」顧家南和應，眼見周夫人有意繼續發表偉論，自己卻不懂演繹「大道理」，連忙以眼神示意齊智保。

智保心領神會，連忙接棒：「周夫人真是美貌與智慧並重！保險其實也有相似原則，稱為『最高誠信』，即不論對方是否問及，投保人也必須主動披露所有『重要事實』。」

何謂「重要事實」？

保險本質上是一種風險轉移機制，容許投保人通過支付保費，把個人的潛在財務損失風險轉移給保險公司。以危疾保險為例，當投保人患上重病時，就可獲得財務支援，以應付醫療開支或安排家庭財政。

「風險」概念較抽象，可以理解為未來可能出現、而非已發生的損失；至於已發生的狀況則為「事實」。保險公司願意承擔風險的原因之一，是風險「可被預測」，即通過綜合各種客觀資料，可評估風險發生的機率。因此，能夠左右風險預測結果的資料，就會被視為重要的核保因素。

以危疾保險來說，投保人的年齡、性別、生活習慣、病史及健康狀況等，是可以令保險公司合理評估能否承接該風險以及訂定相應價格（即保費）的因素。其中一些核心資料，如生活習慣及健康狀況，有賴投保人主動誠實披露，保險公司只能根據投保人所提供的資料作核保，所以毫無保留的誠信至為重要。

因此，保險合約是採用較合約法中更嚴格的「最高誠信」原則為基礎，要求合約雙方不止抱著誠實態度行事，而是「比白更白」──無論相關資料有否被問及，只要投保人知情，便有責任提供準確和真實的資料，也就是披露「重要事實」。

「重要事實」是指任何會影響保險公司訂定保費或決定是否承擔風險的判斷，可分為以下 3 類：
- 涉及接受或拒保風險的決定，例如申請人已患有無法動手術的惡性腦部腫瘤；
- 涉及保費的釐定，例如申請人有吸煙及飲酒的習慣；
- 同時涉及上述兩點，例如申請人已患上糖尿病。

換言之，若投保時作出失實陳述或未有如實披露「重要事實」，合約就不符合以「最高誠信」訂立的基礎，即使保單已

獲批核,仍會被視作違反最高誠信的原則,保單將告失效。因此,即使投保申請表上並無相關問題,投保人仍有責任向保險公司主動披露有關病歷紀錄。

情況有如小曼雖然只擬接受臉部美容服務,但水療中心還要為其他人士服務,若小曼的肌膚觸碰職員或不同設施,亦有機會傳播癬患。故即使無人查問,社會道德共識亦要求我們抱持公德心及責任心,不在患上傳染病時作出有機會傳播病菌的行為,或在惠顧服務前主動披露。而職員拒絕提供服務,正正是因為小曼欠缺誠信的行為,會直接影響中心的衛生及其他客人的健康。

值得留意的是,人壽保險設有「不可異議條款」,即保險合約生效兩年後,縱然投保人被發現未有披露「重要事實」,但只要不涉及欺詐成分,保險公司亦不能就合約有效性提出異議,須履行賠償責任。惟這與披露「重要事實」的要求並無抵觸,原因如下:

· 若屬欺詐性不披露「重要事實」,即有心隱瞞或失實陳述等,保險公司有權以違反「最高誠信」為由拒絕賠償及取消保單。
· 在大多數情況下,「不可異議條款」並不適用於人壽保險的附加契約上,如危疾附加契約及意外附加契約等。換言之,即使附加契約生效逾兩年,只要投保人被發現疏忽或蓄意於投保時未有披露「重要事實」,保險公司仍有權拒絕承認保險合約有效。

———————————————

説話之間，周總經理亦已到達水療中心，答應如實申報睡眠窒息症，著齊智保立時開展投保程序，好等保險公司盡快批核。齊智保知道周總經理貴人事忙，哪敢怠慢，連忙準備文件，跟隨既定程序按健康問卷逐一詢問。

短短 5 分鐘講解時間，周總經理已接了 2 個電話，回覆了 5 個短訊，還趁著周夫人沒留意時滑動手機看股票行情。過了一會，見齊智保還是搖頭晃腦，讀個沒完沒了，不由得厭煩起來。

「『健康申報』幾十張紙，密密麻麻，你又讀得慢，要弄到甚麼時候？我秒秒鐘幾百萬上落，哪有這麼多時間！」周總經理鼻子「哼哼」兩聲，不屑地説：「這樣吧，我先簽名，你幫我在睡眠窒息症上填『有』，其餘填『沒有』就行。反正例行程序，大家交差！」

齊智保正想制止，不巧周總經理又接了電話，聽著聽著，面色越發凝重，才掛線就瞬即大叫：「不得了，小公主在學校吃了餅乾，花生敏感症發作，我們快趕去醫院！」

「甚麼？」周夫人一聽即時柳眉倒豎，一邊撥動手機電話簿，一邊尖聲罵道：「學校想害死我女兒嗎？我要找律師控告學校，一定追究到天涯海角。」

周總經理一改平常霸氣，怯怯地説：「老婆大人，恐怕難以追

究……上月你去了歐洲，我趕著開會，小公主學校的『食物
及藥物敏感調查問卷』隨手全部填了『沒有』……」

一片可怕的沉默後，周夫人恍如沉睡火山行將爆發般，一步一
步走向周總經理。早已嚇得倒退3步移師門邊的齊智保，百
忙中仍不忘向縮在身後的顧家南說：「姐夫，都說如實披露很
重要吧！」

「對對對，我以後甚麼都不敢隱瞞你家姐了！」

「健康申報」的重要

周總經理小覷申報的重要，最終令愛女飽受皮肉之苦。現實生活中，亦有很多投保人輕視「健康申報」，卻不知道，這份文件雖然依靠自行申報，但實際上具法律效力，是「重中之重」的文件。

當保險公司及投保人就索償發生爭拗時，「健康申報」就成為

投保人有否按「最高誠信」原則披露「重要事實」的書面證據。因此投保人應仔細閱讀及審慎填寫，而非如周總經理般將之視若例行公事，貪圖一時之快，甚至假手他人，以免索償無門。

香港過往不時出現這類案例。曾有投保人在買入危疾保險 15 個月後，確診患上左內側顳葉鈣化腫瘤，惟保險公司其後發現，她在投保前 8 個月因上下肢無力及右邊面部僵硬而多次求診，但在投保時填寫「健康申報」關於「曾否被建議接受任何醫療檢驗如心電圖、掃描檢查、治療或服用任何藥物或建議」時，卻選擇了「否」，因而被裁定沒有披露的健康資料乃屬「重要事實」，對保險公司的核保決定有重大影響，保險公司有權拒絕賠償。

當然，大多數申請人未必具備豐富的保險及醫學知識，清楚知道哪些健康相關資料須作申報。保險公司亦理解此點，為減少爭議，目前「健康申報」表格都會詳列各項目及問題，由申請人的身高、體重、吸煙及飲酒習慣等基本資料，以至不同器官或身體部位的指定疾病或徵狀或相關醫生建議、治療或診症狀況等，一應俱全。問卷亦會涉及投保人的精神狀態、依賴藥物程度、各種健康檢查結果及家族遺傳病等相關提問，以引導投保人思考是否曾懷疑、患上或剛確診各種疾病。

「健康申報」提問內容廣泛，每道問題同樣重要，答案足以影響日後索償結果。因此，投保人切忌輕率了事，或學周總經理般選擇性申報便交差。若不理解內容，應要求保險代理詳盡解說或致電保險公司熱線查詢，以免因疏忽而影響日後索償。

4.3

危疾的
定義

「一呀葉輕舟去⋯⋯人呀隔萬重山⋯⋯」

時近晚飯時段，齊智保正繞道樓下公園回家，公園棋亭內忽然
傳來一波超大音量的經典粵曲，震耳欲聾。智保皺了皺眉頭，
打算快速通過，誰知無意一瞥，噪音製造者竟是爺爺齊大俠及
老友四爺！

「爺爺，這般聲浪會滋擾到其他人！」

齊智保連忙制止，二話不說便想將棋亭石桌上的卡式錄音機按

停。齊大俠「哼」一聲，伸手來奪，智保連忙阻擋。兩爺孫推手過招之際，老友四爺則在旁擔當「塘邊鶴」解説員。

話説，齊大俠在新抱齊師奶抱怨下，決心「斷捨離」，出售珍藏多年的卡式粵劇錄音帶，誰知唱片公司只肯按斤秤價，更表示：「卡式錄音帶不符合二手回收定義，只因敬老才勉強答應買下來。」

本已萬分不捨的齊大俠慘見珍藏被糟塌，不免怒火中燒，於是決定在公園大播特播，為粵劇平反。他正想開罵，智保趁他分

心之際，一招「抱虎歸山」，伺機迅速關上錄音機，道：「爺爺，粵劇是否有欣賞價值，與你的卡式帶是否符合回收定義，是兩碼子事。再説，如果凡事都不設標準，豈不是天下大亂？你教太極，也要我們有標準功架啊！」

「所謂定義，真是『官字兩個口』。粵劇是中國文化瑰寶，怎會不能回收？」旁邊的四爺忍不住借題發揮，大吐苦水：「想當年我做手術，也是因為保險公司一句『不符危疾定義』，連保險也無得賠。」

原來四爺兩年前曾入院進行結腸鏡檢查及瘜肉切除手術，其後確診「直腸癌」，並於兩個月後進行腹腔鏡直腸切除手術。惟保險公司認為病理報告顯示瘜肉為「原位癌」，不符「癌症」定義，故拒絕作出危疾賠償。

「明明是癌症，卻偏説不是。難道癌症不癌症，不是靠醫生診斷，而是保險公司説了算嗎？」四爺慨嘆道。

危疾的定義

癌症、心臟病及中風是都市隱形殺手，亦是不少人選擇投保危疾的主要原因。不過，對於受保危疾的詮釋往往亦引起最多爭拗，正如四爺所説的：「原位癌也是癌症，為甚麼不賠？」就是最常見的誤會。

首先讓我們來回顧一下歷史。危疾保險在香港並不算是一種歷史悠久的產品，於約 1990 年代初期才出現，當時保障的重點是致命的重大「末期疾病」（Dread Disease），有別於目前泛指未必致命但性質嚴重的「危疾」（Critical Illness）。正因重點不同，故在產品上亦互有側重。早期危疾計劃主要是為患上無法治癒致命疾病的受保人解決燃眉之急，以「不帶走遺憾」為方向，透過一筆較大的理賠金額，令受保人可以用於圓願、準備後事及為家庭作預先安排等。因此，當時的相關計劃亦較少覆蓋早期危疾，如原位癌，故才會出現「原位癌也是癌卻不保」的誤會。時至今日，大多數的危疾保障已涵蓋了部分器官的原位癌，故相關爭拗亦隨時日而減少。

不過，這亦反映出投保人對受保危疾定義的常見誤解——到底「癌症」的定義是否真的就像四爺指稱，是「保險公司說了算」？實情是正好相反。

保險公司為求令理賠不會出現任何人「說了算」的含糊狀況，反而傾向明確詳述「癌症」的受保醫學定義，並於保單條款上列明。當受保人的情況符合條款上的「癌症」定義時，便屬於理賠範圍；反之則不然。

在四爺的例子裡，有關保單訂明「癌症」的定義是：「惡性腫瘤，其特徵為惡性細胞不受控制地生長、擴散及侵襲正常細胞⋯⋯不包括所有皮膚癌⋯⋯以及任何癌前病變、非侵潤性原位癌。」由於四爺的癌細胞局限在瘜肉裡，並沒有侵入直腸基底膜，屬原位癌階段，故不符合其保單內的「癌症」定義。

值得注意的是，不同保險公司對於各種危疾的定義都不盡相同，故投保前宜先留意各項細則，尤其應細閱保單條文中的危疾定義及不保事項。當中一些條文或涉及艱深醫學用詞，如有需要可諮詢專業意見。此外，投保人亦宜緊記要詳盡誠實地申報的身體狀況、生活習慣、病史及醫療紀錄等，以避免因披露不足而影響保單效力。

———————————————

聽見愛孫為粵劇護航，齊大俠怒氣稍息，但一想到珍藏難免要被送到堆填區，又不禁意難平，嘆道：「唉，時移世易，像我們這些老傢伙、老東西，粵劇、太極甚麼的，都注定要被時代淘汰！」

此時天色漸晚，落日紅霞鑲著銀邊，晚鴉歸巢。智保將錄音機音量調低，按下「播放」鍵，經典劇目《鳳閣恩仇未了情》繼續高唱入雲，聲聲惋惜，「獨自莫憑欄，無限江山……」

「爺爺、四爺，你們覺得大老倌的唱腔落伍嗎？」

長者們立時抗議，像小粉絲般全力捍衛偶像地位。

智保解釋道：「這就是了！好的東西不會被淘汰。戲寶不變，改變的只是硬件，而且越變越好……」

還未說完，四爺已搶在前頭取笑：「智保，你下一句想講甚

麼，我已猜到了。你想説危疾保險也在不斷進化，現時保障範圍更大，是不是？」

智保笑笑點頭，從齊大俠口袋裡掏出智能手機，一邊按鍵展示，一邊解説：「又譬如，卡式帶雖然不再流行，但改用手機應用程式聽粵劇，又輕便，音色又好，還可以自唱自錄呢！」

長者們對粵劇手機應用程式驚嘆不已。齊大俠心裡得意，口中卻繼續刁難：「你和保宜買這給我幹嘛？我又不懂怎麼用，又沒説要！」

智保暗暗好笑，也不爭辯。倒是四爺看不過眼，笑罵：「好了，全世界都知道你兩個孫兒孝順，不必再炫耀了！」

危疾保障範圍

前文曾經介紹過，危疾是一種「提前支付型人壽保險」。不過，同屬壽險產品，人壽保險單純承保死亡風險，而危疾因可保範圍較大，故亦有更多進步空間。在市場需求及良性競爭推動下，危疾產品不斷順應潮流，越趨成熟，更能貼近投保人需要。回顧過去，危疾保險主要有以下改變：

首先，如前所説，危疾保險面世之初主要是保障致命的重大疾病，前設是投保人在理賠時已病入膏肓，甚至進入生命倒數階

段。隨著醫療科技進步及市民健康意識提高，目前危疾保險普遍已轉為承保未必致命的嚴重疾病，前設是投保人在理賠時既可能患上末期疾病，亦有積極接受治療而逐漸康復的機會。現時部分計劃更不再以「危疾」為名，而改稱「嚴重疾病保障」。

其次，早期的危疾保障計劃中，通常會以疾病較晚期階段，如癌症第三、四期，才符合理賠定義，一般亦不包括原位癌。不過現時的危疾計劃普遍於較早階段已可承保，除了多個器官的原位癌，其他早期危疾亦會涵蓋在內。即使受保人發現患病時屬早期階段，亦可獲得部分理賠。

第三，早期的危疾保險主要保障心臟病、癌症、中風、腎病等五大類疾病。惟發展至今，保障範圍已達 50 至 60 種，部分計劃更包括逾百種不同疾病。近年個別保險公司的危疾計劃還增加了情緒病，如抑鬱症、精神分裂症、焦慮症，甚至針對兒童的情緒病，如過度活躍症及自閉症等保障。

此外，過往危疾保險是以「一次性理賠」為主，即當受保人符合保障定義時，保險公司便會作出理賠，其後保單就會終結。惟環境轉變令疾病越來越多，一個人在不同時段患上多種危疾的機會率增加；與此同時，科技發達亦令治癒率與日俱增。因此，現時各保險公司亦與時俱進，多提供具多次賠償設計的多重危疾保障計劃，患上多次危疾或不同器官的癌症等，都可獲得不止一次的保障。

基於早期危疾的醫療開支遠低於末期疾患，故保險公司亦較傾

向受保人越早接受治療越好，這樣受保人有較高治癒機會，對保險公司來說亦更具成本效益，可謂「雙贏」。再加上市民健康意識提高，目前不少保險公司主動提供一些措施鼓勵受保人加強健康管理，如每兩年一次免費身體檢查，或每日步行達到指定目標可獲保費優惠等。

如何選擇
壽險及
危疾產品

星期日早上，風和日麗，齊大俠如常在公園教授太極班，負責示範的當然是首席愛徒大師兄。雖然大師兄使出的招式無甚出錯，但齊大俠總覺得他有別於平常，少了一份沉厚渾圓，眉宇間隱隱透出浮躁，甚不對勁。

趁著一眾徒弟互相切磋時，齊大俠把大師兄拉到遠遠一角，查問他為何心不在焉。大師兄欲言又止，幾經追問，終於吞吞吐吐說出來，「師父，想請你幫忙。唉，我家賢仔，真的亂來，3天前竟然為了幫做保險的死黨買人情單。買了儲蓄保險，昨晚又說後悔了，保費每月 1 千元，他根本吃不消。這件事還燒到我身上，要求我今後每月幫補 500 元。他啊，做事真的不顧後果。」

齊大俠點點頭：「你想我勸勸賢仔生性做人？」

大師兄急急否認，「只是想你替我問一下智保有何拆解方法。」

齊大俠不明所以，「何不直接問智保？」

大師兄有點尷尬地說：「智保沒收佣金，不好意思常常麻煩他！」

齊大俠對愛孫為人信心十足，「智保跟我們一樣，都是學武之人，應幫則幫，不會斤斤計較的。」

「對呀！大師兄。」此時，因發現齊大俠及大師兄不在大隊，

所以出來找他們的齊智保在叢林中現身,說:「買保險前要了
解個人需要及清楚保單條款。不過若簽約後想取消,就要把握
『冷靜期』,以書面通知保險公司有關決定。」

_____

如何選擇壽險及危疾產品

人生每一個階段都需要不同的保障,而市面上亦有多元化的計
劃配合,但即使財力雄厚的人士,也未必需要一次買入人壽保

障、危疾醫療、子女教育及退休儲備等不同範疇的計劃。作為精明的客戶，認清個人需要，深思熟慮後作出切合需要的妥善選擇，這樣保險才可發揮所用，助投保人開展美好人生。要怎樣選擇適合的壽險及危疾產品，就要從以下幾方面考慮。

一、認清個人需要

建議在考慮買入計劃前，先評估個人財務能力及規劃預算。因壽險產品多屬長期供款，如終身保障的計劃，供款可長達 30 至 40 年，直至投保人身故。長期供款可能會對投保人造成財

務負擔。

其實，應買入哪類保險產品、購買的先後次序，並無標準答案，可根據各人實際情況調整，但大體原則是保障為先，然後才到儲蓄及投資等。若公司提供團體保險和醫療福利，可先了解有關的保障範圍，再考慮個人保險需要。

投保人亦需定期檢討個人保障，因為保險需要會隨著不同人生階段有所改變。對社會新鮮人來說，剛開始時，投放在保險上的預算可能不是那麼足夠，這時可先行買入必要的保障，如壽險及危疾等，確保即使不幸身故，家人亦能獲得一筆現金來維持生計，待預算較寬裕時，再加入儲蓄或投連險等。到了結婚或有小孩後，就可能需要增加保障額，及為家人購入子女教育及退休儲備等保障。

在買入保障前可循以下問題思考，以釐清個人的需要。

· 照顧的對象及所需？
· 照顧對象所需涉及哪些風險，風險出現的可能性多大，以及影響的範圍？
· 考慮買入的計劃是否涵蓋那些風險？
· 保單費用是多少？是否可長期負擔？

二、清楚了解保單條款

保險條款是保險合約的重要組成部分，對投保人和保險公司的

權利義務做出具體規定，包括投保對象、投保額、保費、保險責任、期限、不保事項等。若就保單出現爭議，尤其是賠償事宜，保單條款就成為重要的仲裁依據。舉例，危疾保單多列明受保人的任何先天性疾病不獲保障，若投保人之後發現患上心臟病，而成因屬先天心臟血管不正常導致，保險公司可拒賠，即使投保人投訴，由於保單條款已訂明這屬不保事項，仲裁方亦會以保單條款為準作判斷。

因此，投保人應詳細閱讀保單，了解各項條款；亦要清楚保險產品宣傳上的資料通常只概述重要條款，並不可視作完整的保單條款及細則。此外，投保人亦不應只聽保險代理單方面述說的條款內容，卻不真正仔細研究保單條款。

投保人在閱讀保單條款時，可注意產品是否與本身投保目的及需求相符，例如為子女儲蓄，則買入的產品保單應屬兒童儲蓄類別。接著了解保障涵蓋的內容，即在哪些情況下可向保險公司索償。然後是確定不保事項，即保險公司不負責賠償的項目。投保人清楚掌握這幾點，便可免卻不必要的爭拗。如有疑問，應向保險公司的客戶服務部或保險代理查詢。

三、善用冷靜期

壽險等屬長期投保的產品設有「冷靜期」，乃由於有些投保人基於多種原因，未有考慮清楚就簽署投保申請書，冷靜期旨在讓投保人重新考慮購買壽險產品的決定。冷靜期為保險公司將保單或《通知書》予保單持有人起計的第 21 天，以較先者為

準。保險公司會在保單簽發後 9 天內發出《通知書》予保單持有人,當中會説明冷靜期的屆滿日。留意冷靜期並不適用於新增附加保障或提高現有保單保障額等情況。

若決定在冷靜期內取消新保單,投保人必須以書面通知保險公司撤銷保單,並應保留副本作紀錄。更慎重的做法是致電保險公司的專責部門,確定對方已經收到撤銷保單的信件。請緊記,只是通知保險代理撤銷保單,並不符合手續。如果保險公司在冷靜期屆滿前沒有收到申請撤銷保單的信件,則表示投保人放棄行使冷靜期權益。

除了非投連險整付保費(即一次過繳費)的保單,所有非投連險保單一般可獲得退還全數已繳保費;而投連險及非投連險整付保費的保單,保險公司有權在已繳保費中扣除市值調整,才退還保費。市值調整用以計算兌現資產時可能出現的虧損,而該等資產是保險公司按有關壽險保單的保費所作出的投資。

壽險前瞻——
公共年金計劃

人口變化是政府制定長遠政策的重要參考，香港政府統計處於 2017 年 9 月發表的《香港人口推算 2017-2066》，就為社會描繪了一個不怎樣樂觀的前景。

香港的出生率低已是不爭事實，根據統計處推算，總和生育率將由 2016 年每千名女性相對 1,205 個活產嬰兒，逐漸降至 2066 年的 1,166 個。與此同時，人均壽命則受惠醫療科技進步得以延長，2016 年出生的香港男性及女性平均壽命分別是 81.3 歲及 87.3 歲，而按推算，2066 年平均壽命可至 87.1 歲及 93.1 歲。

此起彼落，港人年齡中位數預計將由 2016 年的 44.3 歲上升至 2066 年的 54.5 歲（不包括外籍家庭傭工）。每 3 個香港人便有一個 65 歲以上長者，香港是一個不折不扣的「銀髮城市」。

當日本為人口老化以致公共福利吃重而叫苦連天、絞盡腦汁之時，情況更嚴峻的香港，無論政府或個人，也需要對退休撫養問題及早提高警覺、籌謀策劃。

2011 年，時任扶貧委員會委員的羅致光開始倡議成立公共終身年金制度，為當時仍未獲社會普遍關注的退休養老問題，打響了第一槍。其後，社會亦曾討論全民退休保障的可行性，惟建議輾轉擱置。2017 年，前特首梁振英於《施政報告》提出了公共年金方案，有關計劃由香港按揭證券公司旗下的香港年金公司於 2018 年 7 月 5 日推出，並於 2019 年正式實施，為香港退休保障市場掀開新一頁。

2016 香港人口

生育率

每1000名女性
相對1205個
活產嬰兒

**香港男女
平均壽命**

男81.3歲
女87.3歲

**港人年齡
中位數**

44.3歲

公共年金料推動良性發展

根據「終身年金計劃」，65 歲或以上香港永久性居民都屬合資格投保人，最低保費金額為 5 萬元，上限 100 萬元，香港年金公司將保證投保人收取的累積保證每月年金金額不少於已繳保費的 105%；此前若不幸身故，受益人可繼續於每月收取餘下期數或一筆過現金。

業界普遍認為，基於年金計劃的內部回報率達 4 厘，而且具有保證回報、終身發放，以及 105% 身故保障等條款，於低息

2066 香港人口推算

生育率

每1000名女性
相對1166個
活產嬰兒

**香港男女
平均壽命**

男87.1歲
女93.1歲

**港人年齡
中位數**

54.5歲

環境下相信會有不俗迴響，有望發展成為長期政策。

年金是一種對沖年老貧窮風險的保障計劃，簡單來説就是「越長命越著數」。按「終身年金計劃」內容，假設一名 65 歲的男性參與計劃，整付保費 100 萬元，由 65 歲開始可取年金，每月可獲派 5,800 元。若他長壽至 100 歲，總獲派年金逾 240 萬元，較本金高出 1 倍多。反之，若享壽不高，於 70 歲便不幸身故，期內累計獲發年金約 35 萬元，按 105％身故賠償計，受益人可取回餘額約 75 萬元，年回報率僅約 1％。

公共年金計劃簡介（暫定）

投保資格	65 歲或以上香港永久性居民
保費繳付方式	整付
最低 / 最高保費金額（港元）	最低 5 萬元，最高 100 萬元。
保障期	終身
年金發放方式	繳付保費後即時開始每月發放保證固定年金，直至投保人身故。

初步估計每月年金水平（按 65 歲投保，每 10 萬港元保費計算）	**內部回報率**	3%	4%
男性	估計每月年金	約 500 元	約 580 元
	年金率	約 6%	約 7%
女性	估計每月年金	約 450 元	約 530 元
	年金率	約 5.4%	約 6.4%

身故保障	· 保證發放合共等同已繳保費 105%的期數的每月固定年金 · 若在獲發 105%已繳保費前身故，受益人可繼續於每月收取餘下期數或一筆過現金。
退保安排	· 可選擇在收 105%已繳保費之前退保 · 退保價值為餘下未發放保證期數每月固定年金折算現值
投保前健康狀況評估	不需要

雖然最終回報或高或低，但生死有命，本非人力可測，能夠將年老貧窮的風險轉嫁，令晚年享受無憂生活，也是一件美事。

政府宣傳喚醒市民退休策劃意識

年金在香港的發展歷史不長，過往普及率不高，一方面是港人對於積穀防老的概念較淡薄，另一方面亦因為普羅市民對於該類產品認識不多。從保險業監管局統計數字可見，2011 年以前，每年新造年金業務保單固定於約 5 萬宗。不過在 2011 年以後，則有長足發展，至 2015 年以後每年新增保單更逾 10 萬宗，主要原因相信源於政府對退休福利政策的研究，喚醒市民對個人養老的憂慮與需要。

從業界資料所知，隨著「終身年金計劃」落實，相關保單數目亦有明顯上升的跡象，尤以 30 歲以下的年輕人增幅最明顯，反映退休考慮已不再是中老年人的專利。再加上香港有不少中年「DINK 族」（Double Income, No Kid），對他們來說，長遠撫養雙親帶來的壽險需要有期限，反而本身的退休策劃更需要逼切開展，因而他們或會捨棄新增壽險意願，轉投年金市場。

今次政府以稅務優惠配合主導年金計劃，有望起著帶頭作用，推動市民慢慢養成儲蓄年金為退休作準備的習慣。此政策對私人保險市場亦有推動作用，市民關注相關議題，自然會對該產品感興趣，從而產生需求。

目前私營年金市場產品齊全，政府推出的「終身年金計劃」相信可令未來私營市場以此為基準，作良性發展，帶動整體市場健康成長。舉例說，「終身年金計劃」提供 105％身故保

障，而現時私人市場上概念相若的年金身故保障則由 101% 至
110% 不等，具較高保證的計劃往往附帶額外限制條款。而在
競爭原則下，推出「終身年金計劃」後，可望鼓勵私營市場跟
隨，放寬條款上的限制或提高保障額。加上「終身年金計劃」
設有認購上限，溢出效應可望為私人年金市場帶來新一輪的購
買熱潮。

LIFE INSURANCE

2

責任編輯	趙寅	
書籍設計	姚國豪	

書　　名	保險叢書 2 —— 人壽保險	
策　　劃	香港保險業聯會	
籌 委 會	邱少媚、林樹文、周家敏、梁米棋	
作　　者	林瑩	
插　　畫	高聲	

出　　版	三聯書店(香港)有限公司 香港北角英皇道四九九號北角工業大廈二十樓 Joint Publishing (H.K.) Co., Ltd. 20/F., North Point Industrial Building, 499 King's Road, North Point, Hong Kong
香港發行	香港聯合書刊物流有限公司 香港新界大埔汀麗路三十六號三字樓
印　　刷	美雅印刷製本有限公司 香港九龍觀塘榮業街六號四樓A室
版　　次	二〇一九年四月香港第一版第一次印刷 二〇一九年九月香港第一版第二次印刷
規　　格	特十六開(150mm × 210mm)一六八面
國際書號	ISBN 978-962-04-4457-9

三聯書店
http://jointpublishing.com

JPBooks.Plus
http://jpbooks.plus